2017 제10회 시인광장문학상
수상집 · 시인광장선정시 100選

2017 제10회 시인광장문학상
수상집 ● 시인광장선정시 100選

초판인쇄　2016년 12월 19일
초판발행　2016년 12월 19일

펴 낸 곳　　**도서출판 시인광장**
펴 낸 이　　우원호
등록번호　　307-2013-17
주　　소　　서울시 성북구 정릉로 388, 105동 402호
전　　화　　02-922-5326
팩　　스　　02-922-5326
전자우편　　seeinkwangjang@hanmail.net
홈페이지　　www.seeinkwangjang.com

ISBN 979-11-950371-6-2 03810

값 10,000원

• 도서출판 『시인광장』은 시문학의 발전과 시문단의 중흥을 위한 새로운 변화와 창조를 도모하는 뉴 패러다임 [New Paradigm]의 출판사로 시인들과 시를 사랑하는 모든 독자들을 생각하며 성원에 보답하기 위해 언제나 최선을 다하겠습니다.
• 잘못 만들어진 책은 바꾸어 드립니다.

시인광장 선정 「시인광장문학상」 역대 수상자

수상년도	회수	수상시	수상시인
2008년	1회	내 몸속에 잠든 이 누구신가	김선우
2009년	2회	무덤 사이에서	박형준
2010년	3회	겨울의 원근법遠近法	이장욱
2011년	4회	문장들	김명인(공동수상)
2011년	4회	인중을 긁적거리며	심보선(공동수상)
2012년	5회	y거나 Y	유지소
2013년	6회	잉어	김신용
2014년	7회	시골 창녀	김이듬
2015년	8회	저녁의 감정	김행숙
2016년	9회	눈썹이라는 가장자리	김중일
2017년	10회	죽은 새를 위한 메모	송종규

제1회 김선우 시인

제2회 박형준 시인

제3회 이장욱 시인

제4회 김명인 시인

제4회 심보선 시인

제5회 유지소 시인

제6회 김신용 시인

제7회 김이듬 시인

제8회 김행숙 시인

제9회 김중일 시인

제10회 송종규 시인

시인광장

— 2017 시인광장 선정시 100選

2017 제10회 시인광장문학상 및 시인광장 선정시 100선 序文
2017년 시인광장문학상·시인광장 선정시 100선 발간사
웹진 『시인광장』 주간 윤의섭 •8

2017 제10회 '시인광장문학상' 심사평 •10
2017 제10회 '시인광장문학상' 수상소감 •14
2017 제10회 '시인광장문학상' 수상시론 •16

수상자와의 인터뷰
미학적이고 실존적인 문제에 바탕을 둔 존재론적 고독과의 메타적 탐색
수상자 : 송종규
대담 : 이 령(시인, 웹진 시인광장 편집장) •25

001_ 강기완 | 검은 봄 •38
002_ 강신애 | 깃, 굿(巫) •40
003_ 강영은 | 데드존 •42
004_ 강우식 | 페테르부르크의 백야 •44
005_ 강윤순 | 딜버트의 법칙 •47
006_ 강재남 | 어떤 오후가 끝날 무렵 •48
007_ 강해림 | 시멘트 •49
008_ 고은강 | 춤추는 멜랑꼴리 •51
009_ 고은산 | 조웅(照雄)의 푸른 방향성 •52
010_ 구광렬 | 半雨半雲 •54
011_ 권정일 | 아라크네 •72
012_ 권현형 | 유마힐의 '안녕' •74
013_ 금시아 | 나자스말 •76
014_ 김광기 | 에피스테메, 텍스트 미학 •78
015_ 김경인 | 초대 •79

016_ 김길나 | 꽃의 블랙홀 • 81
017_ 김길녀 | 책도둑 다락방에서 만난 유령의 자서전 • 83
018_ 김두안 | 인터뷰 • 86
019_ 김명서 | 감정여행자 • 88
020_ 김명은 | 플루트아저씨와 하프아가씨와 쥐똥나무 울타리 • 90
021_ 김미정 | 명랑한 이별 • 94
022_ 김백겸 | '격물格物'의 제방을 끊고 흘러가는 푸른 시의 강물 • 96
023_ 김상미 | 짝짓기의 바벨탑 • 98
024_ 김서하 | 관자, 혹은 관자貫子 그리고 나비 • 99
025_ 김선태 | 月經 • 101
026_ 김선향 | 성형 퍼포먼스 • 102
027_ 김승희 | 좌파/우파/허파 • 104
028_ 김신용 | 滴 —저수에 대하여 • 106
029_ 김언희 | 홍도 • 108
030_ 김영산 | 검은 별 1 • 109
031_ 김왕노 | 사랑학 개론 • 116
032_ 김유석 | 거미의 행방 • 118
033_ 김윤이 | 오전의 버스 • 120
034_ 김재근 | 저녁의 부력 • 121
035_ 김중일 | 강호 • 123
036_ 김지녀 | 팔레트 속 • 125
037_ 김지율 | 빨간 컨테이너 • 127
038_ 김추인 | 모래시계 • 129
039_ 김희숙 | 진창의 누각樓閣 • 131
040_ 문현미 | 묵독파티 • 133
041_ 배수연 | 그래서 • 138
042_ 박남희 | 허공을 다른 말로 말하면 • 140
043_ 박서영 | 달의 왈츠 • 142
044_ 박용하 | 이 그림자 없는 거리에서 • 143
045_ 박지웅 | 좀비극장 • 145

046_ **박춘석** | 화가 쿠르베씨의 거울	• 146
047_ **박해람** | 미문	• 148
048_ **박현웅** | 거기, 살아있으라	• 150
049_ **배익화** | 시인의 제국	• 153
050_ **봉윤숙** | 버터플라이 니들	• 155
051_ **손진은** | 점박이 꽃	• 160
052_ **손현숙** | 목련은 흰피 동물이다	• 162
053_ **송종규** | 죽은 새를 위한 메모	• 164
054_ **신영배** | 끌	• 166
055_ **신철규** | 어둠의 진화	• 168
056_ **심은섭** | 누드와 거울	• 171
057_ **여성민** | 시간	• 173
058_ **오태환** | 바다, 내 언어들의 희망 또는 그 고통스러운 조건·6	• 175
059_ **윤의섭** | 느낌	• 177
060_ **위선환** | 묻다	• 179
061_ **이규리** | 일회용 봄	• 184
062_ **이 령** | 무늬와 무늬 사이가 멀다	• 186
063_ **이수명** | 최근에 나는	• 188
064_ **이여원** | 꽃	• 189
065_ **이영옥** | 단 하나의 물방울은	• 191
066_ **이윤설** | 나를 기다리며	• 192
067_ **이은규** | 말의 목을 끌어안고	• 194
068_ **이재연** | 카론의 배	• 196
069_ **이채민** | 나팔꽃보다 빠르게 담장을 기어오르는 두 마리 달팽이	• 199
070_ **이혜미** | 잠든 물	• 200
071_ **이효림** | 근대 사진전	• 204
072_ **장인수** | 침실이라는 우주여행	• 205
073_ **정계원** | 샤갈*연가	• 207
074_ **정다인** | 국지성 폭설	• 209
075_ **정 선** | 고흐, 리듬 앤 블루스	• 210

076_ 정숙자 | 살아남은 니체들 • 214
077_ 정원숙 | 언어라는 육체 • 216
078_ 정지우 | 9와 4분의 3 승강장 • 218
079_ 조말선 | 빈 방 있습니까 • 220
080_ 조연호 | 여성은 살해된 악기 • 222
081_ 조정권 | 모습 없이 환한 모습 • 226
082_ 조정인 | 비망의 다른 형식 • 228
083_ 진 란 | 안녕, 주르륵 랩소디 • 230
084_ 진은영 | 파울 클레의 관찰일기 • 232
085_ 천수호 | 이제 지겹다고 안 할게 • 234
086_ 최문자 | 오늘 • 236
087_ 최백규 | 지구 6번째 신 대멸종 • 238
088_ 최정란 | 바나나 속이기 • 240
089_ 최금진 | 견자犬子의 편지* • 242
090_ 최호일 | 낙천주의자 • 244
091_ 하재봉 | 내 등에 꽂힌 칼 • 248
092_ 한석호 | 묵티나트* • 250
093_ 한정원 | 인문학 강독 • 252
094_ 함기석 | 귀뚜라미 다비식 • 254
095_ 함성호 | 그럴 수 있었다면 우리는, 어떻게 되었을까? • 256
096_ 허 민 | 새 • 258
097_ 홍일표 | 알코올 • 261
098_ 황은주 | 여름에 대해 말한다 • 263
099_ 황주은 | 클라우디 • 265
100_ 황학주 | 오늘 아침의 가없는 너 • 267

■ 웹진 『시인광장』 편집위원 연혁(沿革) • 269

2017 제10회 시인광장문학상 및 시인광장 선정시 100선 序文

2017년 시인광장문학상 · 시인광장 선정시 100선 발간사

윤의섭(웹진 시인광장 주간)

지난해 웹진 『시인광장』은 변화를 도모했다. 지난 10여년의 여정에 대한 발전적 성찰은 이제 〈시인광장문학상〉과 〈시인광장 선정시〉라는 새로운 이름을 탄생시켰다. 이 외에 『시인광장』의 위상에 걸맞는 윤리성을 확보하려는 노력이 추진되었고 이러한 행보에 많은 시인들이 호응해 주었다. 이 세상에 '완벽하다'라는 것은 없다. 그만큼 다듬고 조정해야 할 것들이 많다는 사실을 겸허히 직시하고 『시인광장』은 거듭나고자 하였다.

올해의 〈시인광장문학상〉의 영예는 송종규 시인이 안았다. 송종규 시인의 시력詩力에 비추면 응당한 결과라고 할 수 있다. 돌이켜 보면 『시인광장』을 통해 수상자로 선정된 시인들은 지속적으로 자신만의 시적 세계를 부단하게 추구하고 있는 모습을 보여주고 있다. 거꾸로 보면 『시인광장』이 쌓아온 신뢰도가 그만큼 높은 것으로 보아도 무리가 없을 것이다.

또한 〈시인광장 선정시 100선〉에 수록된 100편의 시는, 작금의 우리나라 시를 대표한다고까지는 할 수 없지만 적어도 오늘날 우리 시의 일면을 총괄적으로 살펴볼 수 있는 가치가 있다고 생각된다. 〈시인광장 선정시 100선〉은 오늘날의 시를 폭넓게 아우른 선정 영역과 일정 수준을 고려한 질적 영역이 겹쳐진 시선詩選이기 때문이다.

일 년을 한 단위로 보면 수천 편 이상의 시가 발표되는데, 이를 좀 더 자세히 들여다보면 다음과 같은 사실을 알게 된다.

우선 수백 명의 시인이 수천 편의 시를 쓰기 위해 몰두하는 엄청난 시간이 소요되었다는 것이다. 이를 지적 생산 에너지로 환산할 수 있다면 가히 우주적 에너지가 발산된 것이라고 할 수 있다. 그 에너지가 일 년 동안 들끓고 있었다. 그러므로 시의 일 년은 용암과도 같은 시적 에너지로 가득 찬 것이다.

다음으로는 수천 편의 시를 읽는 수많은 독자가 있을 것이라는 사실이다. 독자 역시 시의 에너지에 휩싸이고 시의 에너지로 충만하였을 것이다. 조금만 관심을 기울이면 언제 어디서나 쉽게 시를 읽을 수 있는 시대이고 시심詩心으로 가득한 시절이다. 만약 시로 인해 행복해질 수 있다면 시인과 독자는 일 년 내내 행복했던 것이다.

그러므로 시는 결코 위축되거나 잠복하지 않는다. 항상 용솟음치고 초월한다. 또 시는 현재에 안주하지 않는다. 늘 새롭게 태어난다. 이제 바라는 바가 있다면 다시금 시가 주목받는 시대가 시작되었으면 하는 것이다. 그 시대를 수동적으로 기다리는 것이 아니라 시작이 시작 되게끔 적극적으로 나서야 한다. 그러려면 무엇보다 의미 있는 시가 양산되어야 할 것이다.

이번 엔솔로지 발간으로 시가 주목받는 시대가 열리는 데에 조금이나마 계기가 되길 바란다. 그런 점에서 〈시인광장문학상〉과 〈시인광장 선정시 100선〉은 지난해 시사詩史의 마무리가 아니라 앞날을 여는 출발지로 보아야 할 것이다.

2017 제10회 시인광장문학상 심사평

■ 선정 이유

구성의 탄탄함과 언어 활용의 치열함, 그리고 존재의 의미를 찾기 위한 깊이 있는 사유의 전개에 대해 주목

올해는 지난해의 『시인광장』 선정 "올해의좋은시賞"이라는 이름을 바꿔 "시인광장문학상"을 제정하였다. 이는 새로운 모습으로 독자에게 다가가려는 노력의 일환이기도 하다.

심사는 제6회 수상자인 김신용 시인과 시인광장 주간인 본인이 심사위원장의 자격으로 진행하였고 참고인으로 우원호 발행인과 이령 편집장이 참여하였다. 그러나 심사 내용과 결과는 전적으로 김신용 시인과 필자의 심사 의견으로 이루어졌다.

무기명으로 거론된 10편의 시 「새」, 「죽은 새를 위한 메모」, 「바나나 속이기」, 「깃」, 「굿(巫)」, 「좌파/우파/허파」, 「바다, 내 언어들의 희망 또는 그 고통스러운 조건·6 ―점경들」, 「견자見者의 편지」, 「묻다」, 「묵독파티」, 「빈 방 있습니까」는 모두 자신만의 시적 영역과 시적 역량을 획득한 佳篇이어서 단 한 편을 선정하기에 어려움이 있었다. 다만 심사위원의 판단과 각 시편 간의 비교를 통해 조금이라도 더 시적 정신의 깊이와 시적 언어의 아름다움을 보여주었다고 판단되는 작품을 선정하고자 하였다.

심사위원 두 명이 각각 4편씩의 최종 후보를 골라 이 중 더 많이 추천된 시를 우선적으로 선정하기로 하였다. 그 결과 송종규 시인의 시 「죽은 새를 위한 메모」가 심사위원 두 명에 선정되었다.

「죽은 새를 위한 메모」는 다른 9편의 작품처럼 무기명으로 누구의 작품인지 모른 채 선정하게 되었다. 시 구성의 탄탄함과 언어 활용의 치열함, 그리고 존재의 의미를 찾기 위한 깊이 있는 사유의 전개에 대해 주목을 하였다. 김신용 시인 역시 이 점에 공감하였고, 최종적으로 결정을 하게 되었다. 참고인으로 참여했던 발행인과 편집장도 번외로 참여하여 「죽은 새를 위한 메모」를 선정하여 모두에 의해 선택되는 결과가 나왔다.

시인광장이 선정한 이번 "시인광장문학상"을 계기로 송종규 시인뿐만 아니라 모든 시인들의 시가 작금의 시단에 활기를 넣어주길 바란다. 또한 아름답고 깊이 있는 시가 앞으로도 더 많이 나오기를 기대한다.

윤의섭 (편집주간)

■ 선정 이유

시인광장文學賞은 시인들이 뽑는 우정의 賞

올해 웹진『시인광장』의 역사가 10년째다. 지령도 이제 곧 100호를 앞두고 있다. 경위를 일일이 말할 수는 없지만 10년 동안 여러 가지 변화 속에 어려움을 겪기도 했다. 어떤 형태이든 시인광장이 겪은 최근의 어려움은 시를 쓰고 좋아하는 사람들에게 상처를 남긴다. 이런 상처는 쉽게 가시지 않는다. 아마 내면에 각인되어 오랜 세월 함께 흘러 갈 것이다. 그 상처 속에 어떤 것은 변화하고 어떤 것은 기존의 방식을 고수할 것이다. 이런 변화와 자기 갱신의 시간 속에서 웹진 시인광장은 더욱 변화된 모습으로 크게 성장할 것이다.

이 변화 속에서 웹진 시인광장의 "올해의좋은시상"제도가 "시인광장문학상"으로 이름을 바꾸었다. 그러나 선정 방식은 기존의 틀을 크게 벗어나지 않을 것처럼 보인다. 왜냐하면, 이것은 시인들이 뽑는 우정의 상이기 때문이다. 많은 시인들이 참여하여 그 해에 발표된 시 중에서 한 편을 골라내는 것이니 어렵고 번거롭기도 하겠지만, 시인들의 애정 어린 시선들이 모인 것이니 그만큼 각별한 의미도 있기 때문이다.

선정 방법은 기존의 방식대로 선자 한 사람이 4편씩 골라오는 것이었다. 예심을 거쳐 최종심에 올라온 시는 모두 열편이었다. 이 10편에는 편편 모두 이름이 지워져 있었다. 이것은 시인의 이름에 따라붙는 편견이나 고정관념에서 벗어나 오직 시 한 편 한 편마다 실려 있는 무게로 올해의 좋은 시 한 편을 골라내는 방식이기 때문이었다. 이 블라인드 효과가 얼마나 실효성이 있는지는 모르겠으나, 그만큼 선정 방식의 염결성에 무게를 두는 것이니 한 편 한 편 대하기가 조심스러웠다.

그 열편 중에 내가 뽑아든 것은 "죽은 새를 위한 메모" "좌파/우파/ 허파" "바다, 내 언어들의 희망 또는 그 고통스러운 조건 6 –점경들" "바나나 속이기" 이렇게 네 편이었다.
　그 시 한 편 한 편이 '독자'이기도 한 선자에게 독특한 감성과 개성으로 감동을 전해준 훌륭한 작품들이었다.

"죽은 새를 위한 메모"는 시인의 이데아라고 해야 할까, '당신'이라고 명명된 것에 대한 탁월한 조탁과 시인의 사유가 가슴 저리게 다가왔고, "좌파/ 우파/ 허파"는 지금까지도 우리 사회에 마치 망령처럼 떠도는 이분법적 이데올로기에 대한 폐해를 시인의 군더더기 하나 없는 직설적인 화법으로 묘파돼 오랜 시작의 연륜을 가늠케 해주었으며, "바다, 내 언어들의 희망 또는 그 고통스러운 조건 6-점경들"은 시인만의 내밀한 정서가 농익은 서정성의 옷을 입고 새로운 경지로 다가왔다. 그리고 "바나나 속이기"는 시인 자신만의 톡톡 튀는 감성과 젊은 언어의 선택으로 '낯설게 그리기'를 시도하고 있었다.

윤의섭 심사위원장과 나는 최종 결선에 오른 위의 네 편의 시들 가운데 "죽은 새를 위한 메모"를 최종 선정했고, 참고인으로 참여한 우원호 발행인을 포함하여 이령 편집장 모두 이견 없이 만장일치로 "죽은 새를 위한 메모"를 각각 추천하여 수상작으로 결정했다.

그러나 수상작 외에도 나머지 시편들의 역량은 선자의 안타까움을 나타내기에 충분한 작품들이었다. 수상작에게는 축하를, 나머지 시들에게는 그만큼 깊은 감동을 주었다는 의미의 박수를 보낸다.

김신용 시인

■ 수상 소감

　뒹구는 나뭇잎과 차디찬 별빛은 겨울이 목전에 당도해 있다는 우주의 엽서 같습니다. 조금은 쓸쓸하고 조금은 경건해지는 호숫가의 저녁입니다. 이 저녁은 마치 활자가 가득 박혀있는 두툼한 책 같기도 하고 서툰 글씨로 적어 보낸 사무치는 사람의 편지 같기도 합니다. 고요히 한 계절이 가고 한 계절이 오고 있는 두근거리는 이 시간은, 신의 영역이고 자연의 영역이겠지요. 언젠가 '시간은, 내가 아는 가장 위험한 기호이고 시간은, 내가 아는 가장 아름답고 슬프고 긴 문장'이라고 썼던 기억이 납니다.

　시간성에 의한 불확실한 삶을 의심하고 불신했던 제 시의 모든 과오를 고백하면서 다시, 의심과 불신은 관심과 연민의 다른 이름이라는 걸 알겠습니다.
　시를 통해서 상처 낸 꽃과 바람과 구름에게, 아름답고 슬프고 긴 문장인 시간에게 용서를 구합니다. 언어를 언어의 질서 밖에서 운용하고, 기호로서의 언어의 기능을 무시하고 상처 낸 제 시에 대해서도 용서를 구합니다. 일상 논리의 파괴라는 미명 아래 합리적 지성체계를 배반해 왔음을 고백합니다. 또한 모순의 세계를 다시, 모순의 어법으로 뒤집어 온 무모함을 고백합니다.
　그럼에도 불구하고 문제는, 시는 늘 시라는 정의定義의 바깥에 있고, 정의定義로는 시를 정의定義할 수 없다는 것입니다. 시인의 불운은 여기에서 출발하는 것인지도 모르겠습니다.

　금방이라도 눈이 내릴 듯 두근거리는 호숫가에서 수상소식을 들었습니다. 아득히 먼 곳에서 당신이 보내온 편지처럼, 기쁘고 감사합니다. 동료시인들의 참여로 선정되는 상이기에 더 감사하지만 송구스러운 마음 또한 숨길 수가 없습니다. 같은 시대를 살아오면서, 시라는 대상에게 애증과 연민을 바쳐 오신 많은, 훌륭한, 시인들께 진심으로 죄송합니다. 잘 할 수 있을 거라는 믿음으로 주시는 상이라고 생각하겠습니다.

시인광장과 심사위원님들, 그리고 동료 시인들께 머리 숙여 감사드립니다.

경북 안동에서 출생. 효성여대 약학과 졸업. 1989년 《심상》 신인상을 통해 등단. 시집으로 『그대에게 가는 길처럼』(둥지, 1990), 『고요한 입술』(민음사, 1997), 『정오를 기다리는 텅 빈 접시』(시와반시사, 2003), 『녹슨 방』(민음사, 2006), 『공중을 들어 올리는 하나의 방식』(민음사, 2015)이 있음. 2005년 대구문학상과 2011년 제31회 대구시 문화상(문학부문), 2013년 제3회 웹진 『시인광장』 시작품상, 2015년 제13회 애지문학상, 2015년 제10회 시인광장문학상 수상.

송종규

2017 제10회 시인광장문학상 수상시론

불가능의 가능성을 꿈꾸는 자의 비가悲歌
− 송종규의 「죽은 새를 위한 메모」

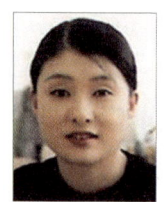

정원숙(시인, 웹진
시인광장 편집위원)

　그리스 신화에 나오는 이카루스는 모든 인간이 꿈꾸는 욕망인 비상의 날개를 가진 자였다. 그러나 더 높이 날아오르고자 하는 끝없는 그의 욕망은 새보다 더 높이 날아오르고자 하는 불가능한 꿈으로 인하여 산산이 부서져버린다. "너무 낮게 날지 말아라. 그러면 바다의 안개가 네 눈을 가릴 것이고 그 습기가 날개를 무겁게 할 것이다. 너무 높게 날지도 말아라. 뜨거운 태양이 네 날개의 밀랍을 녹일 것이다. 항상 중간의 높이로 날아야 한다."라는 아버지의 충고에도 불구하고 이카루스는 태양에 더욱 더 가까워지기 위하여 끝없이 날개를 퍼덕이다가 사라져간다. 이카루스가 날개를 가지는 순간 그에게 날개는 이룰 수 없는 불가능에 대한 비가悲歌 혹은 거부할 수 없는 죽음의 메타포가 되어버린 것이다.
　송종규 시인의 「죽은 새를 위한 메모」는 이카루스의 불가능에 대한 가능성을 끝없이 꿈꾸는 인간의 욕망을 첨예하게 드러내는 작품이다. 시인에게 "당신"이라는 존재는 꿈이나 허구의 형식으로 존재한다. 그럼에도 불구하고 시인은 일치될 가능성이 전혀 없는 그 불가능을 끌어안고 그 불가능에 대한 가능성을 향해 끝없이 질주한다. 그 질주는 현대인의 욕망과 피할 수 없는 죽음에 대한 상징성을 내포하고 있다. 그렇다면 시인이 추구하는 만져지지 않는 욕망은 무엇일까? 그것은 사랑일 수도 있고, 존재 자체에 대한 물음일 수도 있을 것이다. 인간으로 태어나 땅에 발을 디디고 살아가면서 우리는 순간순간 현실로부터 도피하고자 욕망한다. 그 도피가 향하는 곳은 현실 저 너머에 있는 명명할 수 없는 어떤 존재에 대한 사랑일 것이다.

당신이 내게 오는 방법과 내가 당신에게 가는 방법은
한 번도 일치한 적이 없다
그러므로 나는 어떤 전언 때문이 아니라, 하나의 문장이 꽃봉오리처럼 터지거나
익은 사과처럼 툭 떨어질 때
비로소 당신이 당도한 걸 알아차린다
당신에게 가기 위해 나는 구름과 바람의 높이에 닿고자 했지만
당신은 언제나 내 노래보다 높은 곳에 있고
내가 도달할 수 없는 낯선 목록에 편입되어 있다
애초에 노래의 형식으로 당신에게 가고자 했던 건 내 생애 최대의 실수였다
이를 테면, 일종의 꿈이나 허구의 형식으로 당신은 존재한다

모든 결말은 결국 어디에든 도달한다 자, 내가 가까스로 당신이라는 결말에 닿았다면
노래가 빠져나간 내 부리에 남은 것은 결국 침묵,

나는 이미 너무 많은 말을 발설했고 당신은 아마
먼 별에서 맨발로 뛰어내린 빗줄기였을 것이다

오랜 단골처럼 수시로 내 몸에는
햇빛과 바람과 오래된 노래가 넘나들고 있다

이 시는 "당신"과 "나"라는 두 존재의 어긋난 삶의 과정을 그리고 있다. '새'로 명명되는 화자에게 "당신"이라는 존재는 서로에게 다가서는 방법과 화자가 닿고자 하는 욕망을 여지없이 부셔버리는 존재이다. "한 번도 일치한 적이 없"는 "당신"을 향한 화자의 욕망은 "어떤 전언"이나 "꽃봉오리" 혹은 "익은 사과"처럼 "당신"이 이미 당도한 뒤에야 알아차리는 것이다. 그러므로 "꽃봉오리"는 이미 질 운명이 되어버리고, "익은 사과"는 누군가 베어 먹지 않으면 곧 물러지고 썩어버릴 죽음의 운명으로 각인된다. 화자는 "비로소"라는 부사어를 통하여 "당신"과 자신 사이의 일치의 불가능성을 이미 자각하고 있다.

　그럼에도 불구하고 화자는 당신에게 다가가기 위하여 날개를 끝없이 퍼덕거리며 "구름과 바람의 높이"에 닿고자 욕망한다. 그러나 그의 욕망은 이미 이카루스가 꿈꾸었던 불가능을 향해 있으므로, "당신"은 화자의 노래, 즉 새의 노래보다 항상 더 높은 곳에 존재하게 되는 것이다. 이러한 존재의 운명은 어떠한 삶의 방법으로도 도달 할 수 없는 "당신"을 향한 슬픈 노래를 부를 수밖에 없는 그런 것이다.

　화자가 부르는 슬픈 새의 노래는 이 생에서는 가질 수 없는 "낯선 목록"이 될 수밖에 없고, 또한 그가 부르는 새의 노래는 날개를 가졌어도 그 날개를 끝내 잃을 수밖에 없는 인생 "최대의 실수"가 되고 마는 운명에 처해진다. 이것은 바로 화자가 인간이면서 새가 되어 그에게 날아가고자 하는 이룰 수 없는 욕망으로 인한 것이고, 이 욕망으로 인하여 그는 새가 될 수밖에 없었고, 새의 욕망은 결국 결코 닿을 수 없는 태양을 향해 있다. 그러므로 화자의 노래는 "결국 어디에든 도달"할지라도, 아무리 아름다운 노래를 부를지라도 "당신"의 존재가 빠져나간 노래가 되고 "침묵"으로만 존재하는 노래가 되고 말 뿐이다.

　화자가 비로소 깨닫게 되는 것은 자신은 새가 아닌 인간이라는 것이고, 인간이 새가 될 수 없는 이유를 그가 수없이 지껄인 말들 때문이라는 것을 자각하는 것이다. 그리고 화자에게 "당신"은 이미 죽어 "먼 별"이 되어 하늘에서 "맨발로 뛰어내린 빗줄기"로 다가선다.

　우리는 비 오는 날 새들이 어느 곳에 몸을 숨기고 있는지, 무슨 노래를 부르고 있는지 알지 못한다. 그러나 화자는 그 노래가 "햇빛"과 "바람"속에 숨 쉬고 있다는 것을 이미 알고 있다. 그러므로 화자는 결코 닿을 수 없는 존재인 이미 죽어 별이 된 "당신"에게 끝없이 닿고자 "오래된 노래"를 부르며 이 생과 저 생을 넘나들고 있는 것이다.

　"죽은 새"에게 바치는 전언은 화자 자신이 자신을 스스로 새로 명명했듯이 "당신" 또한 이카루스의 날개처럼 결코 닿을 수 없는 욕망을 가진 새의 존재라는 것을 깨달았다는 자기고백에 다름 아니다. 그리고 "당신"과 화자가 "죽은 새"로서 서로 일치감을 맛보는 것은 인간의 결말이 죽음이듯 죽음은 아무것도 욕망할 수 없는 것이기 때문에 불가능에 대한 가능성의 꿈은 죽음으로밖에는 다다를 수 없기 때문이라는 점을 확인시켜준다. 그러므로 현실 속에서 "당신"과 화자의 욕망의 방식은 매번 어긋나고 불일치할 수밖에 없는 것이다.

　어쩌면 "당신"은 처음부터 존재하지 않았는지도 모른다. 또한 그 존재는 화자 자신이 꿈이나 허구로 만든 불가능에 대한 가능성일 뿐이었는지도 모른다. 그것은 이카루스가 끝없이 닿고자 했던 허구의 태양, 허구의 꿈에 다름 아니기 때문이다. 결국 "당신"과 화자는 이미 "죽은 새"로서만 일치의 가능성에 도달하게 되고, 그 일치는 죽음으로밖에 닿을 수 없는 불가능하고 안타까운 비가悲歌로 "먼 별에서 맨발로 뛰어내리는 빗줄기"에 젖어갈 뿐이다. 그럼에도 불구하고 화자는 끊임없이 그 불가능에 대한 가능성을 "오래된 노래"가 되어 넘나들고 있는 것이다.

월경越境하는 헤르메스의 노래 혹은 침묵
- 송종규의 「죽은 새를 위한 메모」

문신(시인, 웹진 시인광장 편집위원)

  당신이 내게 오는 방법과 내가 당신에게 가는 방법은
한 번도 일치한 적이 없다
  그러므로 나는 어떤 전언 때문이 아니라, 하나의 문장이 꽃봉오리처럼 터지거나
  익은 사과처럼 툭 떨어질 때
  비로소 당신이 당도한 걸 알아차린다
  당신에게 가기 위해 나는 구름과 바람의 높이에 닿고자 했지만
  당신은 언제나 내 노래보다 높은 곳에 있고
  내가 도달할 수 없는 낯선 목록에 편입되어 있다
  애초에 노래의 형식으로 당신에게 가고자 했던 건 내 생애 최대의 실수였다
  이를테면, 일종의 꿈이나 허구의 형식으로 당신은 존재 한다

  모든 결말은 결국 어디에든 도달 한다 자, 이제 내가 가까스로 당신이라는 결말에 닿았다면

노래가 빠져나간 내 부리에 남은 것은 결국 침묵,

나는 이미 너무 많은 말을 발설했고 당신은 아마
먼 별에서 맨발로 뛰어내린 빛줄기였을 것이다

오랜 단골처럼 수시로 내 몸에는
햇빛과 바람과 오래된 노래가 넘나들고 있다
 ―「죽은 새를 위한 메모」 전문

 송종규의 「죽은 새를 위한 메모」는 '당신'이라는 지칭을 위해 존재하는 것 같다. '당신'은 언제나 '너'이지만, 아주 가끔은 '그/그녀'로 다가오기도 하고, 어느 날에는 인칭을 전도시킨 '나'로 현신하기도 한다. 그렇기 때문에 당신의 당신에 대한 당신을 위한 전언은 진심을 읽어내기 어렵다. 신의 전언을 해독하고 그것에 주석을 덧붙이는 헤르메스마저도 '당신'의 전언 앞에서 곤혹스러워할 것이다. 바로 이 지점에서 우리는 헤르메스적 근본경험을 상기시킬 필요가 있다. 월경越境. 신의 전언은 신의 경계를 넘어설 때 인간의 언어로 '새롭게' 해독된다. 중요한 것은 이것이다. 새롭게 해독된다는 것. 신의 전언은 신의 의도/의지가 고스란히 전해지는 것이 아니라 헤르메스적 경험을 통과하면서 새로운 인간의 의도/의지로 재구성된다. 이 근본적인 어긋남 속에서 모든 전언은 해석될 수 있다.
 시적경험을 구성하는 시인의 전언도 그럴 것이다. 시적 대상들이 발화하는 전언은 시인이 보고 듣고 느끼고 사유하는 과정 속에서 월경한다. 이를테면 시인은 사물/사태/사건 등을 증폭시키거나 시·공의 차원을 전환시키는 스위치가 된다는 말이다. 스위치의 속성에 따라 시적 대상은 '너'로 '그/그녀'로 혹은 '나'로 발화된다. 우리는 시가 발화되는 이 지점을 헤르메스의 영역이라고 해도 좋겠다. 모든 것들은 해석되고 해석되는 것들은 원본의 존재론적 가치를 뛰어넘는 '새로운' 어떤 것이 된다. 시인은 언제나

이 '새로운' 것을 발화하는 헤르메스다. 그렇지 않다면 세상은 해석될 이유도 없고, 우연한 기회에 해석된다고 해도 그것은 세상의 표정 없는 데드마스크에 불과하다.

송종규는 다차원의 스위치를 보유한 헤르메스인 것 같다. 「죽은 새를 위한 메모」에는 다양한 지점을 겨냥한 월경의 흔적들이 보인다. 그것은 '새로운' 세계 지평을 개척하기 위한 역정처럼 보이기도 하고, 또 도래하는 미래를 지금-여기에서 현시해 보여주고자 하는 주술처럼 읽히기도 한다. '당신'을 호명하는 것은 도래하는 미래를 만나는 방법론이다. "당신이 내게 오는 방법과 내가 당신에게 가는 방법"은 언제나 어긋나면서 '당신'과 '나'는 서로의 세계를 향해 끊임없이 월경한다. 이 월경을 통해 '당신'과 '나'는 익히 알고 있는 서로가 아니라 '새로운' 존재로서 '당신'과 '나'가 된다. 그러므로 '나'는 "꽃봉오리처럼 터지거나" "사과처럼 툭 떨어질 때" '당신'의 존재를 알아챈다. 이때 터짐과 떨어짐이 해석적 월경의 지점이라는 것을 우리는 잘 안다. "당신은 언제나 내 노래보다 높은 곳에 있고/ 내가 도달할 수 없는 낯선 목록에 편입되어 있"어서 존재론적 차원에서 월경하지 않으면 도달할 수 없는 대상이기 때문이다. 그렇기 때문에 "애초에 노래의 형식으로 당신에게 가고자 했던 건 내 생애 최대의 실수"일 수밖에 없다. 노래의 형식이란 지금-여기에서 '나'를 위해 울리는 '나'의 메아리일 뿐 경계 너머의 '너'에게는 결코 닿지 않기 때문이다.

그렇다면 월경의 경계로 분할된 세계란 어디인가? 시의 제목에서 얻어온 생각은 죽음/삶의 차원으로 보인다. 당신이 존재하는 형식이 "꿈이나 허구"라고 한다면, 당신은 죽음의 세계로 월경해 있는 것이다. 그 세계는 "모든 결말"이 "도달"하는 지점이고, 비로소 '나는' "당신이라는 결말에" "가까스로" "닿"는다. '가까스로'에서 드러나듯 월경의 과정은 결코 수월하지 않다. 지금-여기를 울리는 "노래가 빠져나간" 후 "결국 침묵"이 남을 때, 우리는 경계를 돌파해 낸 존재론적 새로움을 만날 수 있다. 그럴 때 "당신은 아마/ 먼 별에서 맨발로 뛰어내린 빛줄기"로 지금-

여기에 현시된다. 이를테면 '나'의 노래가 침묵의 형식으로 경계를 넘어갈 때, '당신'은 빛줄기가 되어 경계를 넘어 이곳에 뛰어내린다. 당신이 내게 도달하는 '빛줄기'와 '뛰어내림'은 "꽃봉오리처럼 터지거나" "사과처럼 툭 떨어질 때"의 형식과 다르지 않다.

이러한 상호 월경의 '방법'이야말로 당신과 내가 서로에게 가는 '방법'이다. 애초에 그것은 '노래'의 형식으로는 "한 번도 일치한 적" 없었다. 그러나 노래의 결말에서 새로운 '침묵'의 형식을 발견하면서 마침내 죽음/삶의 경계에 소통의 균열을 만들어 냈다. 이처럼 죽음과 삶의 경계에 도전하고 그것을 무화시킬 수 있는 것은, 익히 알다시피, 주술이다. 주술은 신의 전언을 불러오고 해석하는 헤르메스의 용기이기도 하다. 그런 점에서 송종규 시인은 이미 우리 시대의 헤르메스다. 헤르메스가 "미리 생각할 수 없는 미지의 세계들로 나아가는 모든 길들의 신"(H. 롬바흐, 전동진 옮김, 『아폴론적 세계와 헤르메스적 세계』, 서광사, 2005, 76쪽)이라는 사실을 상기하면, 송종규의 시는 우리가 닿지 못한 '새로운' 세계로 나아가는 하나의 길임에 틀림없다. 그 세계는 지금-여기에서 부르는 노래가 아니라 그 노래가 "빠져나간 내 부리에 남은" "침묵"을 통해 선취될 수 있다. '침묵'이야말로 죽음/삶의 지경을 "오랜 단골처럼 수시로" 넘나드는 "오래된 노래"이기 때문이다. 이때의 '노래'는 '나'의 노래가 아니라 헤르메스 혹은 시인의 노래로 새롭게 발화된다. 그러나 아직 끝나지 않았다. 마지막으로 "새"가 남았다. 그것도 "죽은 새"다. 그러나 우리는 이미 "죽은 새"에 대해 충분히 이야기했다. 그렇다. "죽은 새"는 곧 헤르메스다. 신의 전언을 인간의 발화로 스위칭해주는 헤르메스가 '새'가 아니라면 무엇이겠는가. 신의 전언을 전하는 새는 경계를 넘는 순간 죽을 수밖에 없다. 그래야 인간의 지평에서 새는 새롭게 태어날 수 있다.

이처럼 송종규의 「죽은 새를 위한 메모」는 침묵의 노래를 통해 새로운 세계 지평을 확보한다. 우리는 이 시를 거듭 읽으면서 '메모'가 발화하는 침묵의 노래를 듣는다. 과연 침묵도 노래할 수 있다는 믿음이 이 시를 통해 확보된다. 침묵/노래의 경계를 넘어서는 '메모'는 신의 전언에 대한 시인의 새로운 해석이 아닐까. 그러므로 이 시에서 '당신'은 이미 '당신'이 아닐 수도 있다. '당신'이 아닌 '당신'을 향한 '당신'의 "문장이 꽃봉오리처럼 터지거나/ 익은 사과처럼 툭 떨어질 때", 거기에 침묵하는 노래가 있다. 그 노래가 「죽은 새를 위한 메모」라는 것을 우리는 이제 알 수 있다.

■ 수상자와의 인터뷰

미학적이고 실존적인 문제에 바탕을 둔 존재론적 고독과의 메타적 탐색

수상자: 송종규 시인
대 담: 이 령(시인, 웹진 시인광장 편집장)

■ **이 령** : 먼저 수상을 진심으로 축하드립니다. 벌써 10회째를 맞이하는 웹진『시인광장』선정〈올해의좋은시賞〉이 올해부터〈시인광장문학상〉으로 바뀌었고 그 첫번째 수상작으로 송종규 시인님의 「죽은 새를 위한 메모」가 선정되었습니다. 선정과정에서 많은 동료시인들의 추천과 함께 최종 심사위원들에 의해 전원일치 선정으로 수상자가 되셨는데 제1회 김선우 시인, 제2회 박형준 시인, 제3회 이장욱 시인, 제4회 김명인 시인과 심보선 시인, 제5회 유지소 시인, 제6회 김신용 시인, 제7회 김이듬 시인, 제8회 김행숙 시인, 제9회 김중일 시인이 수상한 이 상은 무엇보다 동료들이 선정하는 우정상이라는 점에서 국내의 그 어느 문학상과도 차별화된 매우 소중하고 의미있는 상일 것입니다.
　이번 수상이 선생님께 어떤 의미인지와 더불어 근황을 여쭙겠습니다.

□ **송종규** : 동료시인들께서 선정에 참여하신 상이니까 더 감사하고 의미 있는 상이라고 생각하고 있습니다. 진심으로 감사드립니다. 개인적으로 올해는 많은 양의 시를 쓰게 됐고 산문도 한꺼번에 몰

25

려있어서 가을부터 좀 지쳐있었습니다. 그리고 참으로 우연히, 「슬픈 손가락처럼」이란 시를 쓰고 난 얼마 후 심하게 손가락을 다쳤습니다. 몇 달째 아직 제 기능을 다하지 못 하네요. 이 손가락의 불운 때문에 오래 힘들어하고 있었는데 귀한 상을 주셨습니다. 이 상은 저의 불운했던 날들에게 주시는 위안이라 생각하겠습니다. 거듭 감사드립니다.

■ **이 령** : 시인이 시를 썼다고 해서 시가 완성되는 것이 아니라 작품을 발표하고 독자의 집중적 독서 후 감성적 감개의 과정을 거쳐 비로소 완성되는 즉 재창조의 과정이 중요할 텐데요. 수상작인 「죽은 새를 위한 메모」가 나오게 된 배경, 시적발아의 과정이 궁금합니다.

□ **송종규** : 일상이 어긋나거나 삐끗거리는 틈새에서 제 시는 발화합니다. 그러니까 그 틈새란 어떤 경계이기도 하겠네요. 이를테면 일상과 비 일상의 경계, 현실과 초현실의 경계 같은 거요. 저는 늘 제 시가 이런 양극단의 경계에 놓이기를 바랐어요. 제가 차용해 온 언어들이 일상에만 머물러있는 것을 용납하지 않는 편입니다. 이것은 도무지 닿을 수 없는 세계에 대한 결핍의식에서 기인하는 것이라 할 수도 있겠는데요…… 시는 정신의 영역이고 시가 지향하는 궁극은 초월과 영원이니까, 그것이 비록 불가능하다 하더라도 그 언저리를 서성일 수는 있죠. 죽은 새처럼 전 생애를 걸고. 그러나 새가 이르고자 했던 '당신'은 결국 꿈이나 허구의 형식으로 존재하는, 그러므로 존재하지 않는다는 자기 고해입니다. 이 시에서 '당신'이라는 초월적 대상과 거기에 이르지 못하는 '새'라는 실존 사이에 있는 메울 수 없는 커다란 간극을 비애라 해야 할까요. 거의 모든 제 시는 이런 결핍의식에서 출발하고 있는 것 같습니다.

■ **이 령**: 시인은 광인과 연인과 닮았다고 합니다. 이것은 아마

도 시인은 무형적 가치에 매몰되고 거짓 이면에 미처 발견하지 못한 진실 혹은 진실이라고 하는 것들의 이면에 도사리고 있는 많은 거짓들마저 들춰내고 싶은 조금은 별난 사람군이라는 생각이 듭니다. 선생님께 시란 시인이란 무엇인지요?

▫ **송종규** : 무형적 가치란 앞에서 말씀드린 대로 꿈이나 허구의 형식으로 존재하는, 그러므로 결국 허황해서 손에 잡히지 않고 물질로 환산할 수 없는 어떤 것이겠지요. 그러나 그 무용의 가치가 더 아름답다는 걸 아는 사람이 시인들이니까, 거기에 미쳐있는 것도 다행히 시인들이니까…… 시인은 여리고 섬세한 감성을 소유한 사람들이니까, 세계를 아프게 받아들이고 사랑하는 사람들이니까, 연인들에 비유할 수도 있겠네요. 그만큼 순수하다는 의미겠지요.

저에게 시란, 스쳐가는 시간의 한 찰나에 색깔을 입히는 것, 분절된 시간의 한 찰나를 내 안으로 데리고 들어오는 것, 그러나 이런 정의로 시는 정의되지 않는다는 것입니다.

■ **이 령**: 그간 선생님의 시에 대한 언급에서 주목한 것이 있다면 '메타적 탐색과 깊이 있는 서정성'이라고 할 수 있을 텐데요. 독자로서 선생님의 시편들을 재독하며 작품의 기저에 깔린 눅진한 삶의 비애라고 할까요, 폐허나 연민이나 분노에 대한 기억의 인화라고 할까요. 존재론적 물음에 대한 천착이 깊은 시들이라 느꼈습니다. 그렇다면 선생님이 생각하시는 존재의 이유, 시를 빌어 표현하신 삶의 철학이 있으시다면 어떤 것이 있을까요?

▫ **송종규** : 존재의 이유라면 너무 무겁고요…… 때로 진부하고 유치한 것들이 삶을 끌고 가는 거 같아요. 어차피 선택의 여지가 없으니까 살아지는 거고 선택의 여지가 없다는 그 지점에서 문득문득 마주치는 실존의 한계, 거기에서 시적인 모든 사건이 발화되기도 하고요. 결국은 시간의 문제일 텐데 삶의 비의도 결국은

시간에서 출발하는 거 같아요. 시간만큼 슬프고 아름답고 불가사의 하고 긴 문장이 또 있을까요.

　이 슬프고 아름답고 불가사의하고 거대한 시간 앞에서, 그 운명적인 화두 앞에서, 보잘 것 없는 자신을 인식하는 것은 결국 세계에 대한 의심으로 귀결될 수밖에 없었습니다. 끊임없이 의심하고 문제를 제기하는 것, 시를 쓴다는 것은 그런 작업인 거 같아요. 또한 정의할 수 없는 세계를 의심하면서 그 세계를 연민으로 바라보는 사람이 시인이 아닐까 해요.

　그러나 저는 비극론자는 아닙니다. 삶의 황홀과 아름다움 또한 간과해서는 안 된다는 생각입니다.

■ **이 령** : 시의 정의 이전에 이미 시의 항구성은 존재하는 것이라는 관점에서 그간 선생님의 시적 변화가 궁금해집니다. 즉 그 시대의 시의 정의를 규정한다 한들 시대의 변화에 따라 시의 정의는 변화하는 것이 아닌가 하는 생각을 개인적으로 합니다. 제1시집 『그대에게 가는 길처럼』, 제2시집 『고요한 입술』, 제3시집 『정오를 기다리는 텅 빈 접시』, 제4시집 『녹슨 방』, 제5시집 『공중을 들어 올리는 하나의 방식』 등을 출간하며 오랫동안 시작을 하시면서 시적 변화를 일으킨 사건, 혹은 생의 전환점이라고 할까요, 어떤 것이 있을까요?

□ **송종규** : 첫 시집은 습작기의 시들이고, 두 번째 『고요한 입술』은 시간에 대한 집중과 젊은 날의 치기로 버무려진, 그래서 애착이 가는 시집이고요. 세 번째 시집은 표지 장정 모두 마음에 들지 않아서 스스로 폐기 시킨 시집이고요. 네 번째 『녹슨 방』의 경우 제가 혼돈 속에 빠져 있었을 때, 너무나 일상적인 제 삶을 용납하지 못했을 때, 우울과 절망의 늪에서 쓴 시들인데 어둡고 무거워요. 시집 속의 저와 차용해 온 이미지들 모두가 가엾기도 하고요. 불안과 의심과 고뇌로 가득하던 한 때가 있었습니다. 그 늪의 깊은 수렁에서 빠져 나오면서 쓴 시집이 『공중을 들어올

리는 하나의 방식』입니다.
　큰 흐름에서 보면 시간성에 천착해서 삶의 근원에 집중한다는 면에서는 큰 변화가 없을 듯하기도 합니다만, 그렇다 하더라도 시는 시인과 같은 시대를 살고 있으니까, 세계에 감응하는 저의 압점이나 색깔도 변할 수밖에 없었으니까 제 시도 변화해 온 것 같습니다.

■ 이　령 : 자신의 생 앞에 포기할 수 없는 가치가 있다면 무엇입니까?

□ 송종규 : 살아온 생애인 기억들, 그 편편의 조각들. 이기적이지만, 저라는 실존.

■ 이　령 : 선생님께서는 1989년 《심상》을 통해 등단하시고 오랫동안 문단활동을 하고 계십니다. 등단 즈음의 선생님의 정황과 시단의 분위기도 궁금합니다.

□ 송종규 : 약학을 전공하고 결혼을 하고 아이를 키우고…… 그러면서 묻힌 듯했던 문학에 대한 그리움이 어느 날 불쑥 수면 위로 떠올랐어요. 주체할 수 없이…… 그야말로 문학은 꿈이었고 그리움이었지요. 문단의 선배도 정보도 하나 없고 심지어 문학잡지의 이름도 아는 게 없었어요. 불행하게도 '문청'이라는 낭만적 시기는 없었다고 봐야 해요. 지금도 그렇지만, 서로 기대거나 이끌어 줄 동료 하나 없이 외롭고 막막한 날들이었어요. 무모한 열정으로만 들끓었던 시기였습니다. 그러다가 우연히 약사회 기관지에 실린 제 시를 보고 심상의 약사시인 한 분이 연락을 주셨어요. 그 선생님의 안내로 심상으로 등단하게 되었습니다.
　등단하던 1989년, 그리고 1990년대 초반, 문예지는 몇몇 계간지, 그러니까 『문학과 사회』, 폐간된 『세계의 문학』, 『창작과 비평』 그리고 『심상』, 『현대시학』, 『시문학』, 『현대시』 같은 월간지가 있었어요. 제 기억으로는 그 당시, 선배 시인들이 모인 장소에 더러 참석하면 낭만적으로! 술을 마셨어요. 마치 오늘이 마지막인 것처럼, 투사처럼요. 시인의 감성으로 현실과 이상과의 괴리를 그렇게 힘겹게 건널 수밖에 없었으리라 생각해요. 지금의 시단을 강의 하류에 비유할 수 있다면 그때의 시단은 사철 폭포가 떨어져내리는 가파른 계곡처럼, 에너지가 넘쳤어요.

■ **이 령** : '시인이 되겠다' 결심한 계기가 있으신지요?
같은 맥락이겠습니다. 시인으로서의 길을 걸어오시면서 선생님께서 추구하고 있는 시적 방향이라고 할까요? 시적 의미화라고 할까요? 소개 부탁드립니다.

□ **송종규** : 중학교 때였어요. 이호우 시인의 「낙동강」이라는 시를 외우는 숙제가 있었어요. 밤새도록 그 시를 외우면서 불행하게도(!) 흠뻑 빠져버렸습니다. "낙동강 강나루에 달빛이 푸릅니다…" 사춘기 소녀의 가슴 속에 막연하게 문학을 동경하는 붉은 웅덩이 하나가 생겨 버린 셈이지요. 김소월, 한용운, 백석, 손에 잡히는 대로 탐독하면서 지상 최고의 가치가 문학에 있다는 생각을 해버렸어요. 그 때 그 생각이 다행인지 불행인지 아직도 모르겠어요.
　시적 방향, 의미라고 하셨는데 사실 제 시가 어디로 갈지 저도 잘 몰라요. 그러나 앞에서 말한 것과 중복됩니다만, 저는 여전히 실존으로서의 근원적인 결핍을 시를 통해 표출할 것이고 운명의 불가항력과 모순을 끝없이 제기하고 의심하고 탐색하는 작업을 하게 될 거라고 짐작합니다.

■ **이 령** : 대담을 준비하면서 선생님의 당선작과 더불어 최근 시집 『공중을 들어 올리는 하나의 방식』(민음사, 2015)을 재독했습니다. 시집 속에 발현되는 일련의 풍경은 기억과 사랑의 목소리를 그리며 다양한 감각적 의미들이 채집, 재현됨으로써 시간과

공간의 탐침과 표현을 자아내고 있으며 여러 방식의 모색에서 생경하기보다는 풍성한 사유의 폭포수를 맞는 느낌이었습니다. 요즘 선생님의 시작詩作의 동력은 어디에 있으신지요?

□ **송종규** : 저녁마다 집 부근에 있는 호숫가를 걷습니다. 걷는다는 게 자신과 세계를 몸 안으로 불러들이는 행위가 된다는 걸 근래에 깨달았어요. 제게 와서 부딪히는 바람과 별빛들, 마치 우주와 교감하는 듯한 에너지를 받습니다. 걷는다는 이 하찮을 수 있는 행위가 온전히 제가 저 자신과 만날 수 있는 호젓한 시간을 만들어 주던데요. 이럴 때 문득 살아있다는, 살고 싶다는 느낌이 들어요. 그리고 제가 세계와 저에 대해 집중할 수 있는 시간이기도 해요.

작위적인 느낌 때문에 전략이라는 말을 별로 좋아하지 않습니다만, 시간과 공간의 넘나듦은 내연의 확장을 위한 전략이라고 할 수 있을 거 같습니다. 시간과 공간이라는 두 세계의 질서를 무너뜨릴 때, 시 속에서 서식하는 작은 이미지들, 오브제들, 이들의 운신이 훨씬 자유로울 수 있다고 생각해요. 이럴 때 언어는, 기호로서의 의미를 초월할 수 있거든요. 이건 시인이 누릴 수 있는 특권이라고 생각합니다. 제가 앞에서 현실과 초현실, 일상과 비일상의 경계에 제 시를 놓고 싶다고 했는데 같은 맥락에서 보셨으면 합니다.

■ **이 령** : 수상작인 「죽은 새를 위한 메모」를 읽으면 고급 독자는 먼저 명사인 '새', '메모'의 의미보다는 '죽은'이라는 관형어에 대한 의미화를 눈여겨 볼 듯합니다. 특별한 의미를 풀어주시겠지요?

□ **송종규** : 죽은 새는 과거의 영역입니다. 과거라는 말의 뒤쪽에는 늘 어떤 회한 같은 게 느껴집니다. 이 시는 어쩌면 제 시론일 수 있고 난해하고 불안한 실존으로서의 아픈 고해 같은 것일

수도 있습니다. 오래 전, 시가 지상 최고의 가치라고 여겼었던 저는 아직도 시라는 고지에 닿지 못했습니다. '당신은 언제나 내 노래보다 높은 곳에 있'어서 전 생애를 걸고 바람과 구름의 높이에 닿고자 했지만 결국, 닿을 수 없는, '당신'은 제가 꿈꾸는 어떤 피안입니다.

어떤 의미에서 보면 죽은 새는, 죽은 새가 아니라 어제의 새이고 죽은 새는 현재의 새가 아니고 지난 시간의 새입니다. 죽은 새는 다만 과거의 시제 속에 놓여 있을 뿐입니다. 여기서 '죽은'이라는 관형어는 그냥 과거입니다. 매순간이 과거이고 매순간이 미래이므로, 어제의 저도 지금의 제가 아니니까요. 억지 같기도 하지만 시간에 의해 세계는 매순간 생성과 소멸을 쉼없이 반복하고 있잖아요. 제 시 속의 시간은 이렇게 지성체계를 무시하고 무모하게 쓰여질 때가 많아요.

■ **이 령** : 선생님의 시작에 특별히 영향을 미치는 예술분야가 있는지요? 선생님의 시에서 보여 지는 깊이 있는 존재론적 의미의 천착을 보노라면 특별한 철학적 고찰로 연관된 활동이 있으신지 혹은 영감을 주는 영역이 있는지에 대해서도 궁금합니다. 문학적 자양분, 음악, 미술 등의 분야에 있어 특별히 좋아하는 작품이나 작가가 있으신지요?

□ **송종규** : 지금 스쳐가는 것들, 그리고 언젠가 스쳤거나 머물렀던 기억 속의 티끌까지, 이 모든 개인사적인 것들에서부터 우주의 영역까지 시의 영역이라고 할 수 있겠습니다. 그러나 그것을 인지하고 받아들이는 감성의 흡반이나 표출하는 방법은 늘 변화하겠지만요. 오늘의 저는 죽은 새에서처럼, 어제의 저와 똑같은 제가 아닐 것이고요.

무수히 반복되는 생성과 소멸은 결국, 우주적인 것이고 운명적인 것입니다. 제가 시를 쓰는 것은 이 운명적인, 그리하여 세계의 티끌인 실존의 비애와 황홀을 감당하기 어려울 때 할 수 있는 유일한 작업이었다고 해야 할 거 같습니다. 그 순간의 떨림을, 그 순간의 황홀을, 그 순간의 절망을, 기록하려고 할 뿐입니다.

좋아하는 작가라면 베르나르 베르베르, 밀란 쿤데라, 그리고 마르셀 푸르스트를 꼽을 수 있겠는데요. 밀란 쿤데라와 베르나르 베르베르 문장의 치밀하고 집요함은 언제나 저를 긴장시킵니다. 그리고 마르셀 푸르스트의 첨예하고 순수한 감수성의 문장과 그의 반문명적인 사상을 옹호하는 편입니다.

영감을 주는 분야가 있다면…… 음악입니다. 지금 음악에 대한 저의 상식은 미천하지만 어릴 때 집에서 놀이하듯이 피아노를 자주 만졌어요. 그 때 제가 짚어나가던 서툰 음정의 높낮은 소리들은 아직도 저를 따라다니는 듯 느껴질 때가 있습니다. 그래서인지 소리에 민감하게 감응하는 거 같아요.

■ 이 령 : 저는 일명 새벽자시형, 귀뚜라미 소리도 허용하지 못하는 습관성 고요형 글쟁이입니다.
시를 쓰실 때 특별한 습관이 있으신지, 집필을 주로 하시는 시간, 공간이 따로 있으신지요?

□ 송종규 : 시를 쓴다는 일은 언제나 어렵지만, 장소에는 크게 구애받지 않습니다. 낯가림도 있고 아무데서나 잠도 잘 못자고 별난 편인데 다행히 시는 아무데서나 쓰곤 합니다. 집에서나 약국의 한 귀퉁이에서나 해외에서나 가리지 않는 편입니다. TV가 틀어져 있어도 괜찮아요. 집에 작은 방이 따로 있기는 하지만 노트북이 있는 곳이면 별로 상관하지 않습니다.

■ 이 령 : 시와 무관한 선생님의 일상은 어떠하신지요?
시인으로써의 현재의 삶이 시만큼 극적인지 궁금합니다.

□ 송종규 : 작은 약국을 하고 있어요. 주말을 제외한 오후 몇 시간은 주로 거기서 보낼 때가 많아요. 나머지 시간은 관리약사가

근무하고요. 제 삶이 극적이면 좋겠는데 전혀 그렇지 못하네요. 집과 약국을 오가면서 호숫가를 산책하는 정도의 따분한 일상을 견디고 있습니다. 그러다가 간혹 그 견딤을 견딜 수 없을 때, 노트북만 들고 해운대 쪽으로 달려가요. 거기서 며칠 푹 박혀있는 호사를 더러 누리기도 합니다.

■ **이 령** : 요즘 일부에서 우스개로 '대한민국은 시인공화국'이라고들 합니다. 문학 외적인 권력에 편향된 문단의 현실을 비꼬는 시각일 텐데요. 이런 점에 대한 선생님의 고견을 듣고 싶습니다.

□ **송종규** : 일종의 오만과 편식이 낳은 결과이기도 하겠지만 한편으로는 문학이라는 가면을 쓴 무지와 무식의 다른 얼굴이라 할 수 있을 거 같아요. 무엇보다 그에 대응할 수 있는 문인 개개인의 자존심과 양심과 식견이 필요하리라고 생각합니다.

■ **이 령** : 진실과 거짓의 경계가 불명확한 이 시대에 문학의 소명이 있을까요?
　후배시인, 동료시인들과 공유하고 싶은 소신이 있으시다면 어떤 것인지요?

□ **송종규** : 연민입니다. 문학은 끝까지 연민이었으면 좋겠어요. 세계와 자연과 인간에 대한. 모두 가엾고 외로운 존재들이니까.

■ **이 령** : 시편들에서 보여지는 미학적이고 실존적인 문제에 바탕을 둔 존재론적 고독과의 사투(시인의 기억)가 시간과 공간을 넘어 드디어 공중으로 들어 올리는 어쩌면 원천 불능의 사투(문학적 성취)가 계속되리라는 예감을 하며, 시인으로서 앞으로의 다짐이 있으시다면 어떤 것인지요?

▫ **송종규** : 저에게는 전략도 없고 특별한 다짐도 없어요. 그냥 자연스럽게 변화하는 저 자신을 믿을 뿐입니다. 지금처럼요. 매 순간 거대한 세계가 저라는 실존에 부딪쳐올 때 그 순간에 반응하는 제 직관을 믿겠습니다. 직관은 가장 정직한 세계인식의 발로라고 생각합니다. 직관을 믿으므로, 세월과 시대의 흐름에 따라 매순간 변화하는 그 변화를 후퇴가 아니라 진화라고 생각하겠습니다. 그러기 위해서는 감성의 훈련은 꼭 필요하겠네요. 광범위한 세계와 직간접으로 부딪치고 사색하고 전진하고 조절하는 훈련이겠지요. 그렇다면, 불가해한 시간이 소멸과 퇴화를 향해 달려가더라도 소멸 또한 진화의 한 과정이라고 믿고 있습니다.

■ **이 령** : 여전히 기억과 사랑이라는 이름으로 실존에 대한 사투를 진행 중이신 그러나 미학적 의미로움을 독자에게 전하며 시적 정취의 탑을 쌓고 계신 선생님의 깨어있는 시인정신을 계속해서 응원하겠습니다.

강기원강신애강영은
강우식강윤순강재남
강해림고은강고은산
구광렬강기원강신애
강영은강우식강윤순
강재남강해림고은강
고은산구광렬강기원
강신애강영은강우식
강윤순강재남강해림
고은강고은산구광렬

강기원강신애강영은
강우식강윤순강재남
강해림고은강
고은산구광렬

001
⋮
010

강기원강신애
강영은강우식
강윤순강재남
강해림고은강
고은산구광렬강기원
강신애강영은강우식

# 검은 봄*

강기원

상상임신 한 독수리가 한 달째 돌멩이 품는
봄
뫼비우스 증후군 앓는 명랑 소년 하비가 무표정으로 바라보는
봄
대관령 햇무리 아래 세 개의 태양이 뜨는
봄
서서히 식어가는 백색왜성, 속수무책 바라보는
봄
대지의 하혈, 붉은 비 흐르는
봄
눈물의 온도는 37.5도, 굽이굽이 37.5도 부글거리는 파도에서
봉분 냄새 피어나는
봄
달력이 멈춘 사월, 죽은 아이들 웃음 소리 울리는 빈 교실의
봄
누구나 읽어버린 낡은 소설 같은
봄
누렇게 변색된 낱장 다시 들춰야 하는
봄
서릿발 같은 자작나무, 스스로 가지치기 하는
봄
그
러
나

땅 속의 폐쇄화를 기다리는 고마리의
봄
눈 먼 자의 말라붙은 동공에서 만개하는 붉은 국경찔레의
봄
어린 비오리 분홍발가락 사이로 동강이 함께 날아오르는
봄

*헨리 밀러

계간 『발견』 2016년 봄호

강기원
1958년 서울에서 출생. 1997년 《작가세계》 신인상을 통해 등단. 시집으로 『고양이 힘줄로 만든 하프』(세계사, 2005) 등이 있음. 2006년 제25회 김수영문학상 수상.

깃, 굿(巫)

강신애

당신이 나를
흰독수리깃으로 정화해주던 날
꿈을 꾸었습니다

코요테의 언어로 말하고
사슴의 뿔로 분노하라고
희끗한 어둠 속에 선명한 목소리로 말하였지요

나를 가지에 꿰어 수로에 버려두세요
곰의 먹이로나 줘버리세요

어떤 치병 굿으로 저 바다를 정화할 수 있을까요
얼마나 많은 독수리가 죽어야 거친 물결을 잠재울 수 있을까요

심해에 엉켜버린 미래와 흔적을 발굴하다
무중력의 계절이 바뀌고

당신이 나를
흰독수리깃으로 정화해주던 날
꿈을 꾸었습니다

산속 깊은 곳에서
밤새 노래하고 춤을 추며
영원히 끝나지 않는 성인식을 치루고 또 치루었습니다

파라고무나무 수액을 입힌 천으로
진즉 젖은 몸을 들어 올리지 못하였으니

어떤 치병 굿으로 저 바다를 정화할 수 있을까요
얼마나 많은 독수리가 죽어야 거친 물결을 잠재울 수 있을까요

네 영혼은 계속 나아가리라
네 영혼은 계속 나아가리라

산속 깊은 곳에서
밤새 노래하고 춤을 출 뿐

계간 『시와 문화』 2015년 여름호

강신애
1961년 경기도 강화에서 출생. 1996년 《문학사상》으로 등단. 시집으로 『서랍이 있는 두 겹의 방』(창작과비평사, 2002) 등이 있음.

데드 존

강영은

당신의 여름을 폐간합니다 수습이 필요하면 봄은 남겨두기로 하죠, 제주행 비행기를 탄 날, 폭설을 만났네

스팸메일처럼 한 방향으로 몰아치는 눈보라, 내릴 수도 돌아갈 수도 없는 기내機內에서 탑승할 수 없는 메일을 읽은 마음이 쓰러진 울타리네

가을이 오기 전에 여름이 사라질지 모릅니다, 들리는 건 다만 그 얘기뿐인데 축생을 가두어 기르는 울타리는 높은 지위에 오르고 지상의 내릴 곳은 보이지 않네

온실 속의 꽃들은 어떡하나, 이미 청탁한 봄을 철회해야 하나, 몇 권의 봄을 궁리해온 사람들은 하느님을 외치네

난분분한 혓바닥만으로 미쳐 날 뛰는 바람과 함부로 돌아다니는 눈의 속살을 설명할 길이 없네 잔치를 향한 신탁의 기도는 멀고 눈에 갇힌 시간을 논의할 지면은 보이지 않네

멀고먼 아마존, 섬광이 번쩍이는 밀림에선 폐간되는 나무들로 죽은 언어가 쌓인다는데 나무가 떨군 활자며 문장을 어떤 눈이 먼저 수록했나

꽃과 동시에 열매를 맺는 나무의 모양을 원하면서도 도끼날이 박힌 나무의 실상을 몰랐던 눈의 오독이 비행기 날개처럼 벌목지

대로 돌아가네

 지상의 어떤 나무에게도 목숨 내건 봄이 있었네 봄이라는 혁신 호가 있었네

 마른 수피에 새 살이 돋는 것이 혁신이라면 그대여, 정치도 역사도 어떤 학문도 구태의연한 페이지는 폐하는 것이 옳지 않겠나

 그대에게 보낸 봄을 철회하네 눈 덮인 모든 지경을 첫 페이지로 삼아주시게 아직 싹 트지 않은 봄의 순결한 발자국를 찾아주시게

 무성한 나무 그늘이 이파리를 다 떨군다 해도 나는 브라질호두나무 아래서 책을 읽고 있겠네

 * 데드존dead zone: 아무런 일이 일어나지 않는 장소나 그런 시기

웹진 『시인광장』 2016년 1월호

강영은
제주 서귀포에서 출생. 2000년 《미네르바》로 등단. 시집으로 『녹색비단구렁이』 등이 있음. 2012년 한국시문학상 등을 수상. 2014년 아르코문학창작기금 수혜

페테르부르크의 백야

강우식

여름궁전 분수의 화려한 물줄기도 끊어졌다.
우리들의 젊은 날에만 볼 수 있었던 밤하늘이었던
도스토옙스키의 '백야'는 없다.
수많은 종교문답은 있었으나 무엇 하나 구원은 없고
죄 아닌 것이 죄가 되는
까라마조프의 형제들 같이 이해할 수 없는 백야다.
먹장 신비 속의 별들도 다 사라진 페테르부르크의 백야다.
푸슈킨은 바람난 아내 때문에 결투를 신청하고
격정의 생을 마감하였다. 어리석도다.
삶이 그대를 속였구나.
항구의 골목에는 결투를 신청할 필요도 없는
밤의 꽃들도 더러 눈에서 띠나
나는 사랑할 수가 없다.
낮과 밤의 경계도 없는 미망인데
사랑에 무슨 만남과 이별인들 있겠는가.
러시아여, 러시아여, 러시아워처럼 분주한 러시아여!
나는 망명한 백계 러시아의 여자처럼
눈 덮인 고향의 벌판을 못 잊어
이국의 어둡고 침침한 복도에 달린
백열등 알전구의 얇은 유리를 손톱으로 으깨며
뼈가 저리도록 흰 눈길을 걷듯 뽀드득 뽀드득
향수를 달래던 소리를 듣고 싶구나.
고향을 떠난 망국의 백성들은 그저 허무를 안고

눈동자가 없이 희부옇게 눈을 뜨는 밤이다.
혁명은 이 도시에 와 화려함을 맛 본
톨스토이나 레닌에게서 싹텄다.
페테르부르크처럼 화려한 혁명은 없다.
혁명 때문에 망한 사람도 있고
깃발처럼 펄럭이는 사람도 있다.
혁명은 낮인가 밤인가.
혁명은 곧장 선동을 앞세우지만 음모의 밤이다.
밀약과 같은 음모가 없이
어찌 선동선전이 이루어지겠는가.
나는 이런 날에는 어쩔 수 없이
에미르타쥬 겨울궁전에 가서
역대 러시아 황제들의 초상화를 본다.
잘 다듬은 콧수염의 사내들과
한 결 같이 풍만한 가슴의 황비들을 본다.
그 속에는 남편을 죽이고 여제가 되어
스물 두 명인가 세 명의 남자를 품에 안은
에까제리나 여제도 있다. 슬프지만
어머니의 품에 안길 수 없는 나는
남자를 에까제리나보다 더 잘 아는 창녀의 품에 안기리라.
러시아여, 러시아여, 마야코프스키만이 혁명아이더냐.
이사도라 던컨과 살다 자살한 에세닌도
한때 연애도 하고 혁명을 노래한 열혈 청년이었다.
백야의 밤일수록 오로라를 꿈꾸는 사람들은
오로라의 꿈에 젖은 창녀들처럼
혁명은 헐레발을 베개로 삼고 자더라도
페테르부르크 항구에서 꽃을 피우리라.
하지만 밤은 밤답게 오지 않았고
새벽은 밝지 않았다.
새벽은 알에서 깨어나듯 밝지 않았다.

죄 없이 돌아서는 사람 누가 있으랴.
써도 써도 남는 죄 같은 백야만이 있구나.
이해할 수 없는 백야와 같이
이해할 수 없는 아름다움으로 세워진
페테르부르크다. 봄이 와 꽃 피듯이
아름다움은 때로는 한치의 오차도 없는
무자비한 노동의 착취에서부터 오고
혁명은 그 판을 뒤집는 실패는 성공의 어머니
어김없이 찾아오는 백야와 같다.
미망의 깨우침이다. 깨우침의 미망이다.
손바닥 뒤집듯 하는 거와 판의 면들은 같다.
늪지는 늪지대로 그냥 두는 것이 낫다.

저편 어디에는 아직도 뒤척이며 잠들지 못하는,
잠들지 못하는 사람들의 뜬눈의 괴로움이
오늘도 잠들지 못하는 정교회 예수와 같이 있도다.

계간 『POSITION』 2015년 겨울호

강우식
1941년 강원도 주문진에서 출생. 1966년 《현대문학》으로 등단. 시집으로 『별』 등이 있음.

딜버트의 법칙

강윤순

　국화빵 속에 국화는 없다 잠자리에 잠자리가 없다 밤 속에 밤이 없으므로 내 안에 나는 없다 그래서 내가 맞춘 구두는 내 신발이 아니다 그러므로 어젯밤에 내가 꾼 악몽은 네가 꿈꾸는 꿈이고 네가 키우는 자라는 자라지 않아서 자라가 아니다 그리하여 네가 맞은 만점이 내가 본 시험이고 뻐꾸기 알은 개개비가 키울 것이다 그렇기 때문에 천 년 전의 강물이 오늘의 강물이고 백일 후의 강물로 흘러갈 것이다 자루 안에 연필이 들어 있었지만 새털구름 안에 새가 없었으므로 해이리에는 해가 뜨지 않았고 모스크바 광장에 레드카펫이 깔리지 않았다 그래서 바람이 불고 너의 바람은 없고 내 머리카락은 휘날리지 않는다 그러므로 쇼윈도 부부는 앵무새 같이 같은 말을 되풀이 하는 것일 뿐이고 밤이 선글라스를 끼고 있을 뿐이다 그리하여 유리천장은 블루칼라가 아닐 수밖에 없고 진열장에 들어간 코끼리는 어디까지나 인형일 수밖에 없다 그렇기 때문에 지구본은 더 빨리 돌아야 하고 내 꿈은 해바라기도 모르게 피어야 한다 위를 모르는 장은 분별력이 없으므로 흰색와이셔츠를 입은 너는 언제까지 너를 몰라야 한다

　독버트가 달을 보고 짖는다 상승하는 엘리베이터 밖 어디에도 망원경은 없다

계간 『예술가』 2014년 가을호

강윤순
2002년 《시현실》을 통해 등단. 시집으로 『108가지의 뷔페식 사랑』(한국문연, 2007)이 있음.

어떤 오후가 끝날 무렵

강재남

유독 무덤가에서 누구에게 무례하다 누구에게 친절하다 그러므로 나는 계속 늙어야하고 태양은 죽지 않아야 한다

오후에 나는 늙었고 태양은 죽지 않았으므로 신경안정제 한 움큼 털어 넣는다 물푸레나무가 한 뼘 자란다

물푸레나무는 철학적이어서 어떤 물음과 대답이 공존한다 불규칙한 무늬를 입은 상냥한 그 여자, 입술이 붉다

입술에서 입술로 환승하는 나는 요망스런 계집, 아무도 죽지 않은 무덤에서 편지를 쓴다 마른 꽃편지를 받으면 반드시 죽은 이름을 불러야 할 이유는 없다

상냥한 그 여자와 여자들 입술이 부풀고 부푼 입술에서 뒷담화가 핀다 아름다운 생장력을 가진 치명적인 꽃,

꽃잎을 뜯어 혀에 심는다 오후에 나는 늙었고 태양은 죽지 않았으므로 햇살 한 움큼 털어 넣는다 붉은 꽃술에 혓바늘이 즐비하다

계간『문학선』 2015년 겨울호

강재남
경남 통영에서 출생. 2010년 《시문학》을 통해 등단.

시멘트

강해림

  좌익도 우익도 아닌 것이 돌처럼 서서히 굳어간다 침묵이 더 큰 침묵으로 덮어버리고 견딘다 이 숨쉬기조차 끊어버린,

  내 안의 무수한 내가 반죽되고 결합작용을 하느라 벌이는 사투를, 불화의 힘으로 고립된다 외롭지 않다

  가슴에 철로 된 뼈를 박고 나는 꿈꾼다 불임의 땅을, 내 자궁 속 무덤에 태胎를 묻은, 위대한 건설을

  나라는 극단을 위해 극단을 버린 내 비겁함을, 국경 없는 국경을 넘어가는

  조작된 유전자처럼 내 안에 들어오면 감쪽같이 은폐 된다 암매장 된다 폐륜의 저 뻔뻔한 얼굴도 살인의 추억도

  불나방 같은 네온 불빛을 불러들이기 위해 밤 화장을 하고 더욱 요염해진다 도시는, 회색분자들이 장악한

  사막에 홀로 피는 꽃처럼 오래 견딘 만큼 강렬해진 갈증과 독기로 제 육체에 새기는 균열의 문장을

  내 데스마스크의 창백한 입술에서 새어나오는, 잿빛 글씨들

월간 『현대시』 2016년 5월호

강해림
1954년 대구에서 출생. 1991년 《현대시》와 《민족과문학》을 통해 등단. 시집으로 『구름사원』(한국문연, 2001) 등이 있음.

008

춤추는 멜랑꼴리

고은강

 삶은 언제나 마지막을 필요로 했다 한낮은 대체로 구천을 씹어 먹는 맛이다 생을 육박하는 이 어두움 때문에 생사의 거리가 무릎을 스칠 듯 가까워졌다 징후는 파도를 일으켰고 마침내 한기가 심중에 표류했다 내면이 둘러앉은 술잔은 푸르다 푸른 해협 하나를 들이 마신다 어떤 어둠은 빛이 통과할 수 없다 시간은 치유가 아니다 치유는 복원이 아니다 오늘은 임종의 주둔지, 아름다운 생의 전문은 없다 나는 다만 언제라도 가장 첨예한 고독과 직면할 준비가 되어 있다 당신은 어때, 마지막 춤을 출 준비가 되어 있니? 섬뜩함으로 빛나는 햇살은 칼날 같다 그 칼날에 베이려고 나는 폐허처럼 서 있다 구원은 내 꿈이 아니다 다만 뭘 좀 물어뜯을 수 있게 빌어먹을 이빨이기를, 개들이 낙하한다 새까맣게 떨어진다 자고 일어나면 수척해지는 거울 속에서 믿을 수 없게 그늘은 산란한다

웹진 『시인광장』 2015년 10월호

고은강
1971년 대전에서 출생. 2006년 제6회 《창비 신인시인상》을 통해 등단.

조응照應의 푸른 방향성

고은산

　이파리들의 청잣빛 다툼을 관망하는 참새 한 마리, 혀의 길이만큼 짧게 재잘재잘 청명을 씹고 있다 청명의 강도가 클 때 지상에 피는 꽃잎의 소동 계절은 잽싸게 익어간다

　먼 남녘 밭이랑 사이 부지런히 흐르는 젖산의 농축으로 노동의 새싹들이 싹튼다 이 새싹들의 노동력을 찬양하는 인류들의 혓바닥은 매끈하다

　해가 남쪽으로 쏟아 붓는 일조량이 최대치로 흐르며 햇볕 조각들, 작은 마을에서 약간 떨어진 한 중년의 집 토방 위, 만선으로 쌓인다 서쪽으로 하늘의 기우는 각도가 움직인다

　그 중년은 지금까지, 일과 끝에선 신발 밑창의 하루 마모만큼 지폐를 세어가며 마당 바지랑대 높이 정도로 일당을 받곤 했다 지폐의 총합은 항상 그의 걸음을 가뿐하게 들었다 놓았다 그런 생각 때문일까 잠시, 그의 어깨에 찍힌 건축 현장의 짐을 멘 자국이, 스러지는 궁창 속 테너 향기로 번진다 자국은 삼 남매 가족 생계를 이어가는 형태의 가장 큰 축軸이다 또한 그의 일터에서 형태를 바꾸어가며 땀방울을 촉촉하게 쌓아온 결과로, 그의 부인은, 다른 형태들의 세상에 대한 공평으로, 드물게는 불공평으로, 하지만, 항상 형태소의 바른 사용처럼 하루하루를 세상과 잘 조응照應하고 있다

　지금, 그의 집 앞 감나무 이파리 위로 잔 미소가 머물고 잔 미

소의 뼈 속은 푸른 방향성으로 젖어간다

계간 『애지』 2014년 여름호

고은산
2010년 《리토피아》로 등단. 시집으로 『말이 은도금되다』(리토피아, 2010)가 있음.

010

半雨半雲
– CHAYANNE

구광렬

Ⅰ

침대가 삐꺽거린다며 고쳐 달라 했지. 바위성벽을 쌓던 팔뚝으로 침대 한쪽을 들곤 밑을 봤어. 아무렇지도 않았지. 코끼리 발처럼 튼튼했어. 그녀, 롱스커트를 입고 있었건만 무릎 윗부분이 보였지. 팔뚝에 힘이 빠지기 시작했어. 거기가 불끈, 솟아올랐지.

유효기간이 없는 독약, 그녀의 속눈썹이 내 뺨을 간질이기 시작하고 비극의 커튼 뒤에서 쾌락은 거듭 났으며, 인도산 앵무새는 오르가즘을 흉내 내기 시작했어. "아악, 사랑해!", "어억, 사랑해!"

지금껏 그녀의 맥박을 가늠할 수 있지. 똑딱똑딱, 다시 한 번 신선하게 구워내고픈 시간. 하지만 가랑이 속에 얼굴을 파묻은 동안 그녀, 그 어떤 시장에서도 구할 수 없을 천박한 웃음을 흘렸을지도.

그녀에게 난 Nullum,
그랬을까? 아무 것도 아니었을까?
난, 지금
잊는 기술을 배우고자 하네
미워하는 기술.
아니, 기술을 넘어 예술을
아니 예술을 넘어 신앙을
개종하랴?

아니, 또 한 번 신을 믿으랴?
그렇다면
입속 올리브를 뱉을 것이네
훗날 역사마저 지워버릴 전장 속에서도
바람에
눈동자 있음을 깨달을 것이네
밉지 않던 아비,
곱지 않던 어미 자궁 속으로
쿡쿡 밀어 넣던 그 한 줌.

 타클라마칸을 건너며 생각했지. 마지막 거울에 남겨진 냄새, 마지막 그림자에 남겨진 소리. 모두가 올리브 한 알에서 비롯됐음을 깨달았어.
 어떤 가객이 숨겨진 침묵을 노래할 수 있겠나. 어떤 여인이 뱃속과 상반되는 운명을 출산할 수 있겠나. 먼지바람과 빛의 바람, 견딜 수 없는 심장박동의 가벼움. 그러니 오아시스의 꽃은 내 목구멍으로부터 기대치 말아야 했어.

 아무래도 다음날 아침이 없을 듯 했지. 더 이상 오줌이 마렵지 않았거든.
 검독수리의 눈동자 속에 사람, 쌍봉낙타들이 뒤섞여 뒤뚱거렸을지도 몰라. 독수리가 머리를 태양 쪽으로 돌리고, 쓰러져있던 내가 머리를 반대쪽으로 돌렸더라면 좀 더 자세히 볼 수 있었을 텐데……. 그래, 보이네. 두 마리는 짐을 싣고, 한 마리는 타박타박 아픈가보네. 셋 모두 남자, 아니 열둘 모두 남자. 삶, 죽음 모두 진행형이네. 백 척 수렁의 모래사막이 죽은 자의 목소리를 산 자에게 들려주네. 귀, 코, 목을 통해:
 퍼부어다오 神도 참기 힘들 노아 이전의 불볕을. 결백의 광선이 끝내 멀건 골수를 들끓어 마지막 한 방울 피까지 구름으로 증발되어 붉게 나릴 그 비 맞으며 仰天大笑하려니. 이 땅에 살았음을 만끽하련다. 난 너에게 두피 벗기기를 맡길 테니 넌 내 해골을 닦아라. 수많은 몹쓸 밤들을 천 촉광 이상 희롱토록 그저, 하얗게만 닦아라. 어디 그것이 시련이랴 저당 잡힌 몸뚱어리 갚은 이자 또 갚으려 천방지축 몸 뺏기다 볕 한 번 제대로 쪼였더냐. 이제 해지된 골분으로 봄, 여름, 가을, 겨울, 사방 팔황으로 너와 함께 가련다. 모두 함께 가련다.

저 낙타들이 죽어야 내가 산다, 왜 그랬을까?
명령이었지. 불을 섬기는 나에게 낙타가 물로 보였던 거야. 갈증을 목으로 느낀 게 아니라 눈으로 느꼈어.
내 존재가 선이다, 악이다 말하긴 여전히 일렀어. 그저 약을 파는 뱀 장수처럼 주절거렸을 뿐:
뱀아! 그만 겨울잠에서 깨어나라. 아담의 후손들이 널 기다린다. 탄성을 잃은 혈관에 네 독을 원액으로 부어다오. 넘치는 정력으로 에바의 젖가슴 같은 에덴의 밭고랑을 호미가 자루만 남도록 다시 한 번 일구고 싶다. 이것이 선이요, 저것이 악이다 웅변으로 전하고 싶다.
선 악 중 하나만 남을 거라 생각했지. 그러니 저 낙타들을 죽여야만 된다는 거였어.

콩알만 한 독수리의 눈이 왼쪽으로 도는지 오른쪽으로 도는지에 따라, 오든지 가든지 하겠지만, 그들이 떠난 자리에서 멀어지니 간다고도 할 수 있겠다. 하지만 저 멀리 누군가 그들을 기다린다면 온다고도 할 수 있지 않은가. 아무튼 그들은 오가고 난 지금 누워있다. 곧 독수리가 내려올 거야. 내 죽음 또한 진행형이거든.
그 날카로운 부리에 이 몸 또한 찢겨가겠지. 피가 튀어 오를 거야. 아니, 그 피 또한 말라있을 거야.

나, 쓰러지고

하늘에서 칼처럼 독수리 꽂히고
독수리 다가오고
나, 눈 얇게 뜨고
독수리 다가오고 나, 눈 감자
독수리, 날개를 펴선
종종걸음으로 다가오고
나와 독수리 간 거리는
고향집 뒤뜰의 올리브나무 높이.

나, 눈 뜨자
독수리, 날갯짓으로 물러서고
나, 눈 감자
나와 독수리 간 거리는
사랑하는 그녀의 가랑이 길이.
독수리, 내 얼굴을 쪼려 들고
나, 있는 힘을 다해
독수리의 부리를 움켜쥐고
독수리, 파닥거리고
나, 독수리의 모가지를 잡고선
누르기 시작하고
독수리, 발톱으로 내 배, 다리를
할퀴기 시작하고
나, 독수리의 발목을 놓자
독수리, 저 멀리 날아가고……
나와 독수리 간 거리는?

    침실 거울에 남겨진 마지막 얼굴, 정원을 거닐던 마지막 그림자.
    난 여전히 입 속 올리브 한 알과 이별치 못하고, 한 발짝 한 발짝 뗄 때마다 각기 다른 신의 이름을 부르게 되고, 열 신의 부르

짖곤 무신론자가 돼버리고
 어쨌든 혼자 있을 때, 덜 외롭다. 얼굴 둘 곳이 만장일 까닭이다.

　골육은 독수리와 사막날쥐의 밥이 되고
　영혼은 저승의 문을 두드린 뒤
　미드라1)의 저울 위로 떨어지겠지
　넓고 편안한 다리를 건너 천국으로 향할 것인가
　칼날 같은 다리를 건너 지옥으로 떨어질 것인가
　사랑은 善이건만
　주인 있는 여편네를 사랑함은 惡 아닌가?
　막,
　저울이 惡 쪽으로 기우는 듯하네

"난, 네가 필요해"
 그녀가 필요로 했던 난 누구며, 뭔가? 한 시라도 손에서 떨어지지 않던 호미? 삽? 괭이? 어쨌든 끼니마다 숟가락의 주인은 아니었지 않은가. 난, 어떤 것들의 주인임을 소리칠 수 있나? 모래바람에 문드러져나가는 살점의? 뽑혀져나가는 머리카락의? 흘러내리다, 말라버린 피딱지의? 뭣이 떨어져나가야 내가 떠나게 되는가, 대체.
 필요는 사랑보다 굳셈에 틀림없다. 사랑해서 떠난다고는 하지만, 필요해서 떠난다곤 하지 않는다. 그대, 날 사랑하지 않았다. 필요로 했다.

 풀무릇을 뜯는 한 마리 들소로 환생했으면. 머리엔 뿔이 없어도 좋다. 아니, 없어야할 것 같다. 표범의 송곳니가 매끈한 목에 푸욱 박히는 날, 비로소 씹힐 수밖에 없었던 잡풀들을 이해하고 고마워할 거다. 풀뿌리가 고기 되고 고기가 살점 되는 삼단논법, 그 어떤 것이 입에 넣어야만 살아남는다는 사실을 저토록 푸르게 밝히겠나. 이런 얘기가 있다. 두 나그네 길을 가다 곰과 마주친다. 하나가 신발을 고쳐 신기 시작한다. 다른 하나가 말한다. "신발을 고쳐 신어봐야 곰보다 빨리 달아나진 못해" 또 다른 하나, 눈 치켜뜨며 말하길 "난 곰보다 빨리 달아날 필요는 없어. 자네보다 빠르면 돼"

인간들이 남보다 잘 사는 게 행복이라 우기는 동안 초원의 풀들은 스스로 뜯어 먹히기 위해 푸르다. 그 풀들을 스승으로 반추하는 들소들은 그 自燈明을 새기고 또 새긴다;

'세상의 모든 살점들은 이동한다.'

Ⅱ

내 할아버지의 아버지의 신은 불, 내 할아버지의 신은 야훼, 내 아버지의 신은 알라. 나의 신은 그 모두, 아니, 그 모두 다 아니다.

세상을 움직일 방법을 잊어버린 신들, 아니 모르는 신들. 종교란 삶에 애정 있는 자에게만 존재하는 虛影 아닌가. 심판도 그렇고. 삶에 대한 의욕도 없는데 무슨 영생?

아니다. 찾는 게 있다면 잃을 게 있다는 거다. 난, 지금 물을 찾고 있다. 새까맣게 타버린 하늘 아래선 그 누구도 마지막 미소를 흰 천에 담을 수 없다. 죽은 말의 축축한 간이라도 꺼내 먹어야지.[2]

아서라, 물보다 더 간절한 게 있다. 젖과 꿀은 흐르지 않지만 약속의 땅만큼이나 비옥했던 그대 유방:

가만, 손을 넣는다
수컷의 젖은 있어, 더 서럽다
멀고먼 자웅동체시절
몸도 마음도 하나였을 태고고적 시절
내 마음 그대 알고
그대 마음 나 알 듯했던 시절엔
외로움, 괴로움도

반반씩 느꼈을 건만
오늘,
온전한 외로움, 괴로움이
마냥 뼈를 저민다
또 다른 별의 중력을 받고 있는 나,
해골의 길 위에 누워
수만 마리의 낙타 발자국에
이별을 고하며
진한 입맞춤, 더도 덜도 아녔던
마른 올리브 한 알을
그대 유두 빨 듯 돌린다
아, 모래바람, 달빛바람 안녕!
지상의 모든 것 눈 붙여라,
수 만 광년 달려온 별빛마저 희미한데
편편한 젖무덤 아래
암컷을 묻어놓은 내 수컷,
쨍! 얼어붙은
빙하기적 눈물만을 길으려 든다

 울음을 부정한다.
 콘스탄티노플의 비가 뉘의 눈물이라면, 그 뉘는 자신의 눈물을 볼 수 없는 장님이어야 한다. 사랑, 배신, 탄압, 연민…… 그 아래 것들을 보고서 어찌 눈물을 조절할 수 있겠나.
 아니, 울음을 긍정한다.
 난, 어쨌든 깃발 없는 부대의 지휘관인 그대만을 따르는 한 발짝, 한 발짝 전사이지 않은가.

 눈물,
 이별보다 더 아픈 사랑을 감내 못할 때 늑골 깊숙이 파고든 빗방울들, 지하실 포도주인 양 저장되었네

눈물,
길지도 않은 두레박줄로 우물물 긷듯 퍼 올림도 억수 비 내리던 시절에 우산 없이 거닐었음이랴

눈물,
한계를 느끼는 신들의 성수. 사막에서의 유일한 물. 뉘 울었노라 믿겠나, 쉬 마르니 고마워라, 아쉬워라

눈물,
매 순간 살아있음을 고해하는 심장의 전령사.
그 바닥 드러낼 때 졸음에 겨워하는 사막고양이 양 난, 머릴 떨구며 바람 멎을 저 풍경을 과거라 부르리라

밥그릇을 닦는다.
이 사막에 밥이 어디 있겠나. 밥을 먹기 위해서가 아니라, 얼굴을 보기 위해서다.

니목숨이예수목숨이라도된다말가골고다의언덕이라도마련해주련지금벗어던질수있는건고린내나는발싸게뿐이지않은가무너진다리만큼머리굵어진원숭이의지혜와슬픔을혼자서아는척하는놈아뒈지거라!하다가

놈은 나보다 늙어 보인다
놈은 나보다 비겁해 보인다
놈은 나보다 약해 보인다
이래저래, 동정심을 자아내는 놈,
빈 밥그릇 속에서 웃고 있다

해가 머리 위로 솟는다. 바지춤에서 혁대를 빼내 칼을 간 뒤,

밥그릇을 돌려가며 수염을 깎는다. 더부룩하니 산양의 머리통 같구나.

　　발가벗고 맞아야지, 머리서 발끝까지
　　수직으로 꽂히는 네 하얀 몸을
　　까맣도록 받아야지
　　너 없는 밤, 종보다 무거운 머리통을
　　온기 남아 있는 흙에다 박고
　　하, 마른 울음을 가없이 울었더냐

Ⅲ
낙타 사라지고, 말이 보이고, 마을이 보이고…….
골목마다 들려오는 소리, 사르르 똑똑. 수 만 마리의 누에가 뽕잎 뜯는 소리. 징그러운 벌레가 상스러운 이파리를 갉아먹고 토해낸 것이 저리도 아름답다니.
아리따워라, 아리따워라, 그들만의 언어로 주술 하는 것이리라. 아니, 정적이리라. 사…르…르, 한 마리가 또 한 마리에게 지껄이는 소리엔 말이 없으라. 말이 없으니 고요하여라. 고요하니 매끄러워라. 그대와 내 입 속 혀뿌리는 정사를 위한 기물이었을 뿐, 풀어져 나오는 낱말들은 하나하나 干戈였건만, 저 벌레들 입 속에서 풀어지는 실들은 하나하나 和平이어라. 왁자지껄, 저자 또한 시끄럽지만, 못 알아들으니 되레 해방이로다. 실로, 말로부터의 자유는 말로부터 나오는구나.

비단보다 비싼 꽃이 있더라. 한 포기 값이 중농 열 집의 세금이란다. 늙은 농부가 우연히 꽃 파는 가게에 왔다가 고개 떨구곤 장탄식을 하건만 그 한숨, 눈치 채는 이가 없구나.[3]
온 장안이 꽃에 취해있다. 하긴, 아름다움에 기품까지, 모양이 장려壯麗하면서도 소담스러워 품위에 여유마저 있는 꽃이다.
만 마리 말과 천 대의 수레가 그 꽃 잔치를 보기 위해 달려오고, 여인네들은 그 꽃 한 송이를 사기 위해 수백, 수천 전을 낸다. 다투어 머리에 꽂곤 꽃쌈(鬪花)을 하건만, 내 눈에 들어오는 건 꽃이 아니라, 그 꽃들이 매달려있는 여인네들의 젖가슴과 비단이다.

술 인심만은 최고이다. 한 사람씩 마시기에 머뭇거리지 말아야 하며, 앞사람이 마시지 않으면 뒷사람은 마실 수가 없다.

   바닥이 뾰족한 인형(酒胡子)이
   내 앞에서 쓰러지네
   술잔을 받아야하네
   바닥까지 들이키고
   정수리에다 술잔을 털지 않으면
   그 인형, 다시 일어날 수 없네
   그 인형, 다시 일어나지 않으면
   사람들도 일어나지 않네
   마시고 마셨건만
   그 인형 자꾸만 내 앞에서
   쓰러지네
   취해서 노래를 부르네
   아! 새라면
   내 날개는 자유가 아니겠네
   내 사랑 그리워
   거기 날고픈 구속이겠네
   아니겠네,
   어둠이 부리까지 차오르고
   밤은 익을 대로 익어
   석비레에 푸두둑 떨어질 때
   왜 날아야 하나, 날개는
   이유 없을 자유이겠네

땅을 보고자 하나
하늘로 가네
왼쪽과 오른쪽 각막의 영상엔
한번은 자유이고
또 한 번은 구속이네

오늘 새는
불잉걸 너머 사팔눈을 휘날리며
깃털을 여미질 못하네

¿자유인가?
¿구속인가?
.
.
.구속의 자유이다.
.자유의 구속이다.

지우바(酒吧)에서 회회자매를 만나네. 소그디아나(粟特), 투카라(吐火羅)에서 왔다하네. 날 보자, 손잡고 우네. 더 이상 술을 못 마셔 힘들어하는 그녀를 위해, 그 인형, 내 앞에서 쓰러졌으면 하네. 오랜 만에 아주 오랜만에, 입속 올리브 알이 구르네.

火神을 섬기는 형제들이 천 조각을 건네며 손바닥에 문질러 보라한다.
오호라, 말처럼 새로운 옷감(新羅)이요, 비단이다. 어느 여인의 살결이 그러할까. 부드럽고도 윤기 있어, 장안의 것보다 몇 배나 좋다. 새끼염소 한 마리 값도 안 되는 유리구슬 반 자루로 그 몇 필과 바꿀 수 있다하니, 참으로 못 믿을 일이다. 그렇구나, 한 쪽에선 유리조각을 못 만들고, 또 한 쪽에선 비단조각을 못

만드는구나.
 어찌 혼자냐고 한다. 쫓기고 있어 얼굴 둘 곳 없다하니, 간통이냐 묻는다. 사랑이라 답하니 웃으며, 떠나자한다. 세상 끝인 그곳, 얼굴 둘 곳 만장이며, 한 번 들어가면 나오기 싫은, 개목걸이까지 금으로 만드는 지상극락이란다.[4]

Ⅳ
 배에다 몸을 싣는다. 이별의 아픔만큼 사랑이 깊었구나. 망각을 위해선 세월 따라 흘러야지. 저 바다 또한 그렇지 않느냐.

 기억을 지우면 인연이 없어지는지
 바다는 기억을 지우려 한다
 무엇을 못 잊어 갯바위에 머리를 치며
 아니, 아니, 도리질하나
 뉘 헤아릴까, 그 아픔.
 바람 없인 항해할 수 없으니
 바다의 愁心은 바람이 되고
 바람은 파도가 되어
 화석이 된 기억들을 지우려함을

 풍랑을 만나 표류한다. 암초에 부딪혀 배가 뒤집힌다. 판자 몇 개를 부여잡고 버틴다.
 자욱한 해무가 구름 같구나. 눈 아래 물이 보이지 않으니, 하늘 위를 나는 듯하다. 조류에 떠밀려 죽었구나 생각할 쯤, 뭣이 보인다. 해무 걷히고…… 사람들이다. 아니, 죽은 자들이다. 줄지어 서있는 걸 보니 지옥문에 달했구나.
 아, 기다리고 있다는 듯 반기질 않느냐. 바실라 사람들! 보름달 같은 얼굴에 초승달처럼 생긴 눈알이 눈썹까지 올라있고, 웃는 입모양마저 반달이다. 누군가를 만날 쯤 내 마음 수정처럼 빛나왔다. 눈부시게 찬란한 사내, 우리 일곱 중 나에게 손을 내민다.

죽어라 일해도 빵 조각 하나 씹기 힘들었건만, 은수저에, 비단 옷에, cavalier hat에, 여자까지. 내 여자. 그래, 나만의 여자, 그것도 삼나무 몸매에 비단 살결의 여인이 생겼다.

여기서도 차별은 선천이다. 사는 집, 입는 옷이 출신에 따라 다르다. 큰 집, 좋은 옷의 사람들, 일 않고도 번질거리고, 작은 집, 나쁜 옷의 사람들, 죽어라 일해도 밥 한 술 뜨기 힘들다. 여자애들도 그렇다. 좋은 옷에 꾸미기 좋아하는 애들, 온통 염정에만 끌리고, 나쁜 옷에 작은 집 애들, 웬종일 베틀 앞에만 있다. 큰집 애들, 작은집 애들을 비웃는다. "베 짜느라 고달프겠지만 너희들에겐 비단 옷, 안 돌아갈 걸!"5)

나에게도 차별 있다. 얄궂어라, 얄궂어, 물 한 모금에 하늘 한 번 쳐다보는 병아리들처럼 온 고을이 내 얼굴 한 번 쳐다보고 하늘 한 번 쳐다본다. 아, 얼굴 둘 곳 만장이라 여겼건만, 뾰족한 코끝마저 숨길 데가 없구나.

낮보다 밤이 좋아라. 얼굴 둘 곳, 지천이라 좋아라.
흐르는 물에 잔을 띄운다. 병신처럼 팔을 구부리고 마시고, 단번에 석 잔을 마시고, 미친 놈처럼 웃고, 몽유병자처럼 춤춘다.6)
밤새 노닐다 돌아와 보니, 벌거벗은 다리 넷, 달빛에 출렁인다. 둘은 내 것이지만 둘은 뉘 것인가. 빼앗겼구나. 돌멩이로 쳐 죽여라!, 용서해라! 내 몸속, 내 몸 밖 신들이 아우성친다.
본디 내 것이라면 저렇진 않을 터. 내 가슴에 저 여인, 들어있다 한 들, 저 여인 가슴에 나, 들어있지 않으면 내 것 아닌 것을.
오늘, 달도 좋지만 별도 좋다. 어제도 저 자리에 떠있더니, 오늘도 저 자리에 떠있구나.

별들이 부럽다
바람에 뒤지 않고
빗줄기에 바래지 않는

별들이 부럽다 오늘은 이별이지만
내일 꼭 다시 만나는
별들이 부럽다
별 하나, 머리 위에
별 둘, 한 뼘 위에
늘 고른 눈빛으로
서로를 확인해 주는
별들이 부럽다

어쩌면 좋을까. 자라투스트라를 믿는 자들은 불지옥에 보낼 터, 마호메트를 믿는 자들은 돌멩이로 쳐 죽일 터, 예수를 믿는 자들은…… 한 번도 죄 지은 적 없는 자가 돌멩이로 쳐 죽일 터.
오늘 따라 올리브 한 알이 무척 쓰다.

V
재스민, 작약, 모란도 아닌 들꽃 같은 이가 논두렁, 밭두렁도 아닌 궁궐에 나타나다.
"여우는 미녀로 둔갑하고 살쾡이는 선비로 가장하네. 뉘 알리, 짐승들이 사람의 몸으로 변신해 홀리는 줄을. 하지만 변신은 외려 쉬운 일이요, 양심을 지킴이 어려운 일이라네. 그러니 참과 거짓을 알고 싶다면 마음의 거울을 닦아보게나."7)
낯설고도 낯설어 '얼굴(容) 둘 곳(處)'없다하니, 탈 하나를 건넨다. 날 위한 것이냐 물으니, 나지막이 답한다. "Chayanne, 자넨 이미 탈을 쓰고 있다네. 고을사람들을 위한 것이라네."
불꽃(火神)이야기에 그가 묻는다. 불도 물을 마시는가. 불은 뿌리가 없다하니, 뿌리 없는 꽃이 어디 있냐한다. 물, 불은 가려지며 하나 아닌 둘이라 하자, 불 있는 곳에 물 없으며, 물 있는 곳에 불 없으니, 물불만큼 하나인 것도 없다한다. 모두, 하나를 여럿으로 보는 우매한 눈 때문이라 한다. 그렇게, 예수, 마호메트, 자라투스트라도 셋 아닌 하나이며, 공자, 석가, 신선도 셋 아닌 하나라 한다.

 그, 떠나는 날, 구름 반 장, 겨울비 되어 내린다. 남은 구름 반 장, 떠돌다 海印으로 향한다.

　　도롱이 없인 맞지 못할
　　슬픔일레라
　　그것은 또 비가 아님을
　　고하는 것이니……
　　보아라,
　　어느 계절의 빗방울이
　　저리도 아리더냐
　　다신 돌려보내지 말자
　　본디
　　하늘의 것이 아니라
　　하나, 둘
　　뜨겁게 오르다
　　무게를 견디지 못해 떨어지는
　　땅의 눈물일지니

　나, 떠나올 무렵에도 비 내렸다. 빗물 반, 눈물 반이었던 얼굴, 그 얼굴 숨길 곳 생겼건만 다시 떠난다.
　난, 그대에게 Aliquis. 그랬을 거야, 그 뭣이었을 거야. 아냐, 난 단지 그대의 Aleph 속 하나 Aliquis였을 뿐.

　　난, 색종이의 색을 보지 않고 바랜 종이를 보련다
　　난, 종이를 보지 않고 종이일 수밖에 없었던 나무들을 보련다
　　난, 나무들을 보지 않고 나무이기를 바라던 바람과
　　결연히 사라지지 않을 저 구름들의 눈빛을 보련다

그대, 유두 애무하는 법을 올리브 한 알로 가르쳤지. 이빨로 깨물지 말고 혀끝으로 굴리라했지.

아, 사랑의 기술, 다시 배워야겠네. 올리브 알들을 자근자근 씹어야겠네. 그렇게 파미르를 넘어야겠네.

1) 미드라: 조로아스터교의 천사
2) 〈삼장법사전〉에 의하면 고비사막을 건너던 현장법사는 목이 말라 늙은 말의 간을 꺼내먹었다고 한다.
3) 백거이, 「진중(秦中)에서 읊다」 10수 중 제10수 「꽃(모란)을 사다」 편에서
4) 알 이드리시의 저서 '천애 횡단 갈망자의 산책'에서
5) 多被春心牽, 自謂芳華色, 長占艷陽年, 却笑隣舍女, 終朝弄機杼, 機杼縱勞身, 羅衣不到汝 – 최치원 선집 〈새벽에 홀로 깨어〉 중, 시 '강남의 여인'에서
6) 曲臂則盡, 三盞一去, 飮盡大笑, 禁聲作舞 – 안압지에서 출토된 목제주령구(木製酒令具)에 새겨진 글귀 중에서
7) 狐能化美女, 狸亦作書生, 誰知異類物, 幻惑同人形, 變化尙非艱, 操心良獨難, 欲辨眞與僞, 顧磨心鏡看 – 최치원 선집 〈새벽에 홀로 깨어〉 중, 시 '옛뜻'에서

웹진 『시인광장』 2016년 6월호

구광렬

멕시코국립대학 중남미문학 문학박사. 이후 멕시코 문예지 "마침표(El Punto)" 및 "마른 잉크(La Tinta Seca)"에 시를, 멕시코국립대학교 출판부에서 시집 "텅 빈 거울(El espejo vacío)" 출판후에 중남미작가로 활동. 국내에서는 《현대문학》을 통해 본격적인 활동 시작. 시집으로 "하늘보다 높은 땅: La tierra más alta que el cielo"(멕시코 출판사 Eón 刊) 등이 있다. 브라질 ALPAS ⅩⅩⅠ 라틴시인상 등을 수상.

권정일권현형금시아
김광기김경인김길나
김길녀김두안김명서
김명은권정일권현형
금시아김광기김경인
김길나김길녀김두안
김명서김명은권정일
권현형금시아김광기
김경인김길나김길녀
김두안김명서김명은

권정일 권현형 금시아
김광기 김경인 김길나
김길녀 김두안
김명서 김명은
권정일 권현형
금시아 김광기
김경인 김길나
김길녀 김두안
김명서 김명은 권정일
권현형 금시아 김광기

011
⋮
020

011

아라크네

권정일

호젓한 밤의 눈을 감아올려
진실의 가장자리부터
神을 짜는 동안

배꼽을 가진 것들의
털은 거룩했다
인간이 신을 거역한 죄로

사라진 머리카락 사라진 코
사라진 귀 뭉개진 얼굴
옆구리에서 돋아나야만 하는 손가락발가락

배꼽에 실을 매달아
자신을 배웅하고 용서하고
대대로 갇히는

운명은 이토록 명료하다

신들을 수놓은 테피스트리를 찢고
한번쯤 줄을 끊고 구름밭을 걸어보고 싶다

천국에서는 어떤 나팔소리가 들리려나 진정

나를 혐오하는 일이

단 한 번이라도 유일한 낙이었으면……

신을 여덟 발로 경배할 때
얇은 은사를 튕기며 나비 날아들었다

나비가 울면
저쪽에서 나는 흔들린다

어떤 꽃의 운명을 간섭하고 왔니?
날개를 떼어내면 꽃가루겠지
꽃가루를 발음하면 흰 꽃잎이 날리겠지

희디흰 보드라움
서서히 옭아 피륙을 짜면
나만의 울음을 가질 수 있을 거야

지극한 직물의 잠을 잘 수 있는
내가 꿈꾸는 무덤이 될 거야

계간 『시산맥』 2016년 여름호

 권정일

1961년 충남 서천에서 출생. 1999년 《국제신문》 신춘문예로 등단. 저서로는 시집으로 『마지막 주유소』(현대시, 2004) 등과 산문집 『치유의 음악』이 있음. 제1회 김구용문학상 등을 수상.

유마힐의 '안녕'

권현형

우연히 서점 구석의 구석에서 발견한 좋은 책처럼
먼지와 함께 밤마다 지구를 반 바퀴만 걸어보고 싶다
나머지 날들은 어쩌면 좋을까
찔끔 더 용기를 내보고 싶다

구약을 넘어 낚시용품 전문점까지
달려오고야 마는 파란 말의 발바닥에는 잔금이 많다
잔금이 많은 발바닥은 가고 싶은 길이 여럿이라
부서지기 쉬운 운명, 떠돌이 행성의 운

개미가 새까맣게 뒤덮인 쉰내 나는 밥덩이를
물에 말아 꾸역꾸역 입으로 가져가던 손을 기억 속에 숨겼다
어째서 엄마가 골라 사주는 과자는 언제나 맛이 없었을까
싫다고 맛없다고 말하지 못했다

심지가 닳아 없어질 때까지,
모든 사랑에서는 그을음 냄새가 난다

사랑의 가운데 있을 때는
내가 누구를 사랑하는지 기억하지 못했다
해님도 자신이 해바라기 꽃의
얼굴을 갖고 있다는 것을 모를 것이다

자신의 손목과 발목에 쇠사슬을 매달고

누군가 심해로 가라앉으며 세상의 안녕을 빌었다
좀 더 용기를 가졌던 유마힐처럼
한 홉 두 홉 너무 작은 그릇으로만 사랑을 측량하지 않겠다

웹진 『시인광장』 2014년 2월호

권현형
1966년 강원도 주문진에서 출생. 1995년 《시와 시학》으로 등단. 시집으로 『중독성 슬픔』(시와시학, 1999) 등이 있음. 제2회 미네르바 작품상 수상.

나자스말

금시아

어항에 말沫을 하나 심었습니다
드문드문한 말이 금세 큰 말이 됩니다
어항 속이나 물속의 물풀 끝에 붙는 말
물의 혀, 말沫은 물을 투석합니다

색색의 이파리들이 모두 채근할 때 게으름은
계절의 특별한 외도입니다
소식은 멀리 돌아서라도 와야겠지요
밀려온 파도는 짧은 순간 흰 꽃을 피우고 돌아가지만
그 겹겹마다 피는 꽃의 말이 있습니다
꽃말의 순간은 긴 꼬리를 달고 있어
그 전후의 반복을 셀 수가 없습니다
흰 꽃의 달음질로 피는 초록의 물거품들

물에서는 물거품이 자랍니다
아이들이 돌아간 자리
말의 겨드랑이에서 피어난 꽃잎들 무성합니다
아이들은 초록으로 돌아갔을까요
우리의 말은 어느새 아이들의 색깔로 포말 중입니다
사람의 혀, 말들은 세상을 투석합니다

바쁘다는 건 어디서나 통하는 변명,
그렇다면 햇빛과 바람, 밤과 낮의 소식들
모두 다 채근이겠지요

채근 속에 나자스말이 무성합니다

채근하지 않는 말은 죽은 말입니다

웹진 『시인광장』 2016년 3월호

금시아
1961년 광주에서 출생. 2014년 《시와 표현》 신인상을 통해 등단. 시집으로 『툭,의 녹취록』이 있음. 2011년 제3회 여성조선문학상 대상 수상.

에피스테메, 텍스트 미학

김광기

숨구멍을 열고 오밀조밀 몰려있는 개미집 같고
곧은 씨알들이 촘촘히 박힌 해바라기 같기도 하지만
선험의 숨결이 응축된 기표와 기의의 횡단들,
무수한 기운들이 스멀스멀 피어나 세상으로 퍼진다.
소리로 키워내는 순간 의미는 분해되는 듯하지만
가슴에 다시 고여서 탄력을 갖는 패러다임,
읽을 때마다 의미는 달라진다. 뜻은 그대로이더라도
좌표는 달라진다. 삶의 경륜으로 읽히는 텍스트,
벽에 꽂힌 무수한 텍스트들, 갖가지의 무늬로 아침을 밝히고
때로는 깨알처럼 때로는 고딕폰트 문양 같은 높이로
시작을 알린다. 다시 텍스트만 있는 것 같다.
이제는 횡렬에 따르지 않고 아래를 내려 밟는다.
그렇게 오르려고만 했던 계단을 내려가기만 할 때
중심을 지탱하던 관절의 삐걱거림을 느끼며
노쇠한 무릎 때문에 올라가는 것보다 내려가는 것이
더 힘들다던, 어머니를 생각한다. 지나온 삶이 아니면
도저히 따라 읽을 수 없는 시간에 한 걸음씩 내려가는
텍스트 계단, 무수히 밟히는 시니피앙 시니피에들.

계간 『시산맥』 2015년년 겨울호

김광기
년 충남 부여에서 출생. 1995년 시집 『세상에는 많은 사람들이 살고』를 내고
작품 활동 시작. 저서로는 시집으로 『호두껍질』 등과 시론집 『존재와 시간의 메
타포』 등이 있음. 1998년 수원예술대상 등을 수상.

015

초대

김경인

　마지막으로 문을 두드린 건 시인이었지
　시인은 과장되게 몸을 흔들며 수백의 계절을 걸어서 왔다고 말했어
　물론 너는 믿지 않겠지만 나의 스승과 친구와 후배와 자식뻘 되는 또 후배들의
　무려 백 년 동안의 시상식에 참석하느라 나는 죽는 것도 까먹었지 뭐야
　시인은 누구든 용서하기 싫어졌다고 말한 후
　돌연 가방 속에서 한 뭉치 원고를 꺼내 읽기 시작했지
　거울과의 비밀 연애 그 지루한 분노의 시를
　백 년 동안의 독서와 필사적인 필사를
　그동안 무처럼 깎아 먹은 기억을
　무말랭이처럼 바닥에 쏟아져 말라가는 언어를
　황금 재즈 시대 트럼펫처럼
　무대 위에서만 빛나는 비유들을
　다 버리고 나서도
　겨울밤 두더지처럼 늘어나는 슬픔들에 대해
　시인은 무언가 더 말하고 싶은 눈치였지
　너는 하품을 참으며
　상투적인 교양 소설의 독자처럼 차근차근 말해주었어
　거울 속 아이들은 콩나물처럼 물만 줘도 쑥쑥 자라 어른이 되지 않고
　언어는 불평등의 얼음판 위를 날랜 스케이트 날처럼 휙휙 가르지 않으니

유사 낭만 시대의 별처럼 빛나지 않아도 좋아
나의 시인이여, 이제 그만 죽어도 된단다,
너는 다정한 사망선고를 내리고
그는 울면서 돌아갔지
내일이면 집이 조금 가벼워지리라
창밖엔 산뜻한 구름, 너는 허공에다 줄을 건다

웹진 『시인광장』 2015년 8월호

김경인
1972년 서울에서 출생. 2001년 계간 《문예중앙》으로 등단. 시집으로 『한밤의 퀼트』(랜덤하우스, 2007) 등이 있음. 2011년 제1회 시인광장 시작품상 수상.

꽃의 블랙홀

김길나

나는 귀를 그의 입으로 가져갔다
입 없는 그가 입을 달기 시작한 것이다
이데올로기는 어느 때나 어느 곳에서나
전복되기 위해 존재하는 것이라고
그 입이 말하는 걸 들었다
혁명을 꿈꾸는 돌연변이가 변질시킨 식충 식물류의 종족,
그에게서 분출되는 색광은 붉은빛
그 긴 파장에서 섬세하게 흘러넘치는 광파는 황홀
먹기 위해 끌어당기는 마력과
마력에 매몰되는 죽음의 불꽃이 맞붙었다
사멸과 생성을 돌려대고 갈아엎는 통로를
입에서 꽃이, 꽃에서 입이 피어나는 에로틱한 구멍을
꽃의 바깥, 외계에서 누가 들여다보고 있다
지상에서는 꽃잎 한 장에서 폭발하는 별이 자주
눈물로 반짝이고, 잎에서 회오리치는 바람은 드셌다
꽃잎 위로 포개지는 꽃잎들 틈새에서 요동하는 구름,
구름이 감추고 있는 번개,
낱낱의 꽃잎이 제 블랙홀을 덮어 숨기는 비경을
꽃의 바깥, 외계에서 어느 기호가 기록 중에 있다

심미의 늪으로 빠르게 빨려 들어가는 시간이 오고
꽃의 중력에 붙들린 거기, 천 길 낭떠러지에서
한 생애가 단숨에 날아가고
존재를 부수는 시공의 열렬한 소용돌이 속에

조각난 조각의 조각들을, 끝끝내
시간이 멈추는 경계까지 밀어붙이고
그리고는 깜깜한 침묵이다
저녁이 오고, 닫힌 끝과 열린 끝이 주고받는 침묵이
짙은 어둠으로 내려 꽃의 입을 덮는다

계간 『시작』 2015년 봄호

김길나

1995년 시집 『새벽날개』로 등단. 1996년 『문학과 사회』 가을호에 시를 발표하며 작품활동 시작. 저서로는 시집으로 『빠지지 않는 반지』, 산문집 『잃어버린 꽃병』이 있음.

017

책도둑 다락방에서 만난 유령의 자서전

김길녀

보이지 않는 긴 눈빛을 실은 채
눈 쌓인 마을 따라
기차는 느리게 가고 있네

눈보라 잠시 멈춘
햇살 얇게 비추는
간이역 근처, 눈 쌓인 공동묘지
작은 무덤가에
줄 긋다만 문장들만 하얀
책 한권 비석으로 남겨지고
검은 눈 터널 따라
엄마는
아픈 뒷모습으로 떠나갔네

오래된 다락방에 유배 온
책도둑 소녀와 유령은 따뜻한 악수를 나누며
말없이 쓸쓸하게 오랫동안 웃었네

유치한 이념을 검붉게 내걸고
명분 가득한 구호 속에서
책들의 화형식이 열리자,
불타는 책들을 훔치고
블루커튼 쳐진 창문을 넘어
또 책들을 훔치며

물고기 소년과 책도둑 소녀가 놀았다네

죽어가는 혁명가에게
훔친 책을 읽고 또 읽어 주고
지하방에는 책과 눈사람이 함께 살았네
혁명가는 살아서 떠나갔다
다시, 돌아 왔다네

기억할 수 없는 아픔을 안은 채
살아가는 사람들은
조금씩 죽어 가기 시작했네

눈밭에 묻었던 남동생에 대한 슬픔
물고기 소년의 죽음에 바친
마지막이자 처음인 뜨거운 입맞춤
길거나 짧은
회색눈의 나날에 대한 기록이었네

며칠은 고요가 머물다 가고
며칠은 전쟁터 같은 폐허가 생겨나기도 했다네

눈 내리는 마을
눈 내리는 공동묘지
광장 바다에 불타던 글자들의 울음으로 새겨진
문장과 문장 사이로 지워진 지문
불꽃재의 목숨들, 유령의 긴 손짓으로 화석이 되었네

젖은 노트를 기억하고
유령의 긴 여행을 떠올리며
다리 아래 차가운 강을 추억하는

서늘하고 따뜻한 책들의 일기
검은 눈의 마을에서 하얗게 돌아 왔네

몇 번의 폭설이 점령군처럼 다녀가고
몸이나 마음이 한 번도 아픈 적 없던
사람들이 구경꾼의 얼굴로 기차를 타고
몇 번의 겨울을 다녀갔다네

웹진 『시인광장』 2015년 3월호

김길녀
강원도 삼척에서 출생. 1990년 《시와 비평》을 통해 등단. 시집으로 『키 작은 나무의 변명』 등이 있음. 제13회 한국해양문학상(시)수상.

인터뷰

김두안

거미가 내려온다 물기가 스미듯 거미는 어두운 방 안에 여덟 개의 모서리를 펼치고 죽어 가는 자의 내부를 기록한다

(침대는 무덤이 아니야
나비를 놓아줘)

거미는 죽어 가는 자의 입속으로 걸어 들어간다
빛이 썩어가는 냄새가 나는군
거미는 신의 손가락처럼 투명한 타액의 비를 내린다

혀를 다오
혀를 다오
너의 침묵은 내가 잃어버린 감정이지
넌 거울 속에서 불길한 구름을 본 거야
거미는 청색 혀의 수액을 빨아 먹는다

거미는 다중성의 영혼처럼 검은 눈으로 죽어 가는 자의 머릿속에 속삭인다
무수히 걸어온 길이 녹아내리는군
거미는 폐부에서 불어오는 모래바람과 비명을 지르던 차가운 얼굴의 시간을 바라본다

(나는 무덤이 아니야
나비를 놓아줘)

머릿속에서 태어난 거미 새끼들 까만 물방울이 되어 흩어진다 거미가 네 개의 발로 전생을 사각사각 오려낼 때 죽어 가는 자의 숨소리는 다시 절망 앞에서 팽창한다

말을 다오
말을 다오
너의 후회는 내가 풀지 못한 비밀이지
넌 거울 속에서 내 심장 소리를 들은 거야

거미는 죽어 가는 자의 기억 속에 앞뒤가 없는 두 개의 문을 만든다

밤은 죽고,
나비는 하얗고,

거미는 구름의 발을 잠재운다
나비는 고요히
허공을 가장 불안하게 날아간다

월간 『유심』 2015년 8월호

김두안

1965년 전남 신안군 임자도 출생. 2006년 《한국일보》 신춘문예 시부문에 〈거미집〉이 당선되어 등단. 시집으로 『달의 아가미』(민음사, 2009)가 있음.

감정여행자

김명서

1.
자격증 예닐곱 개를 앞세우고
새벽부터 발품을 팔고 다닌다
눈앞에서 문이란 문은 모두 닫혀버린다
오래도록 잠가둔 감정이 덜그럭거린다
감정과 이성은 분업과 협업을 하는지 이성도 소음을 들어앉힌다

2.
지구에 건기가 오고 있다
건기에 제일 먼저 점령당한 것은 1차 생산자 쪽이다
무서운 기세로 지열이 끓어오르고
개미나 땅강아지 땅속에서 기어 나온다

잇달아 먹이사슬이 무너지기 시작한다
멸종된 생물군의 분포도가 넓어진다
잎으로 표본실에서나 볼 수 있을지 모른다
참흙을 담아 베개 밑에 숨긴 사람들이 멸종을 앞당긴다

3.
누구나 관심을 갖지만
우주선은 유산계급들의 전유물이 되었다
물자원이 풍부한 행성으로 데려가겠다는 그들의 사탕발림에 끌려가는
길고 긴 행렬

아우슈비츠로 이송되는 무리를 떠올리게 한다

하위권에도 격돌이 일어나고 있다
끝까지 지구를 지키겠다는 의견도 있고
단세포 생물로 변생해서 살아남겠다는 의견도 있다
개울이나 강바닥이 마구잡이로 파헤쳐져
곳곳에 폐허가 늘어난다

4.
태고로 회귀하고픈 본능이
지금까지 꾸준히 봉양해온 데카르트에게 이성적 자아를 빌려왔다
"나는 생각한다. 고로 존재한다."를 수없이 되뇌며
늪지대로 간다
원시의 숨골을 만나러

웹진 『시인광장』 2015년 6월호

김명서
2003년 《시사사》를 통해 등단. 시집으로 『야만의 사육제』(한국문연, 2016)가 있음.

플루트아저씨와 하프아가씨와 쥐똥나무 울타리

김명은

하프아가씨가 입에 넣은 상추쌈에서 민달팽이가 씹혔습니다
플루트아저씨의 더듬이는 낡은 건물처럼 흐려지고
모두가 걷기 바쁘고 먹고 살기 바쁘고
날씨는 졸리고 비는 내렸지만 스탠드는 젖지 않았습니다

햇살에 비친 보푸라기와 사람은 검습니다 그늘을 숭배하듯 목 꺾인 작은 허물입니다 빈 얼굴 눈빛 없는 등입니다

플루트아저씨와 하프아가씨는 출근길 회벽 속으로 들어갔고, 갈랑풍의 걸음들이 흩어지고 빗겨간 사람들은 소식을 주고받지 않습니다

쥐똥나무울타리는 살짝만 건드려도 도시 아래로 떨어질 듯
　막 샤워를 끝낸 살내음, 라인을 입어요 칡 향처럼 코를 비비며 시간이 흘렀는데, 질끈 감아버린 눈두덩이

　시간은 고양이의 의자
　고분고분 일어나지 않을 것 같은
　그 쥐눈이콩 노숙이 왜 눈에 밟히는 걸까요

　발바닥을 잡아두려는 능선 따라 걷거나 한밤중 트랙을 돌고 있는 바닥은 점점 줄어듭니다
　카페 모차르트에 걸린 그림보다 우아한 카페단골들이 생각날까요 그들은 고개를 돌리지 않습니다

얼굴 모르는 남자의 등에
둥근 가슴을 대고 잔다면 팔에 쥐가 날까요

'남은 김치를 좀 싸주세요' 가방의 눈은 찢어져 있고 생활 깊숙한 곳, 플루트아저씨는 고시원으로, 하프아가씨는 세모꼴의 신발 뒤축을 옮기며 원룸으로 들어갑니다

뒤돌아보면 걸음이 빨라지는
지나치려 할 때마다 따라오는 까만 눈

한 번도 울타리 밖으로 나가지 못한 쥐똥나무가지에 달라붙은 그는 누구였을까

웹진 『시인광장』 2016년 3월호

김명은
1963년 전남 해남에서 출생. 2008년 《시와 시학》으로 등단. 시집으로 『사이프러스의 긴 팔』(천년의시작, 2014)이 있음.

김미정김백겸김상미
김서하김선태김선향
김승희김수용김언희
김영산김미정김백겸
김상미김서하김선태
김선향김승희김신용
김언희김영산김미정
김백겸김상미김서하
김서태김선향김승희
김신용김언희김영산

김미정김백겸김상미
김서하김선태김선향
김승희김신용
김언희김영산 021
김미정김백겸
⋮
김상미김서하
김선태김선향 030
김승희김신용
김언희김영산김미정
김백겸김상미김서하

명랑한 이별

김미정

꽃이 꽃병을 던지고
식탁 위엔 컵이 반복한다

휘파람이 문장 속으로 사라지는 순간이에요 꽃들은 바람을 뚫고 피어나는데 내 것이 아닌 것들이 내 발을 밟고 서성이네요 신발을 뒤집어 울음을 꺼내요 그날 당신을 따라가지 않은 것은 이미 읽어버린 발자국 때문일까요

비로소 안개가 보이고 마침내 펄럭이는 표정으로
모든 건 눈앞에서 사라져간다
신발 가득 고인 눈물을 태양에
비춰보아요 시간의 테두리를 떠나 오래 전 사라진 존재들, 조금만 빨리 달리면 잡을 수 있을까요 오늘의 세계를 안녕이라 부르지 않기로 해요 안개처럼 우리가 우리 밖으로 걸어 나갈 수 있다면

플라타너스 시든 잎과 시들고 있는 잎 사이
환하게 벌어지는 이별의 각도들
컵이 창문을 밀어내고 휘어진 꽃이 식탁이 되는

투명한 그림자들이 나를 들여다본다
간유리를 사이에 두고 웃을 때 보이는 슬픈 얼굴처럼

계간 『시와 세계』 2015년 여름호

 **김미정**
2002년 《현대시》를 통해 등단. 2009년 《시와 세계》 여름호 평론 당선. 시집으로 『하드와 아이스크림』(시와세계, 2012)이 있음.

022

'격물格物'의 제방을 끊고 흘러가는 푸른 시의 강물

김백겸

서가에는 아직 끝내지 못한 책들이 먼지를 뒤집어쓰고 늙어간다
에리히 노이만의 『의식의 기원사』, 위백양의 『참동계천유參同契闡幽』, 브라이언 그린의 『우주의 구조』
제목들이 알츠하이머 치매환자처럼 표정을 잃어간다
지식의 거울이 김이 서린 듯 흐릿해진다

『대학大學』에서 격물치지格物致知란 '무엇이 근본이고 무엇이 말단인가'를 아는 것이라고 했지
마음의 지知는 하나의 거울
때를 잘 닦은 거울은 세상을 온전하고 청명하게 비추어낸다고 말하네
선불교 5조 홍인의 수석제자 신수의 해석과 비슷하구나
'격물格物'이란 마음속에 있던 본래의 앎을 욕망의 때를 닦아 활연관통豁然貫通하게 드러내는 일이구나

그러나 6조 혜능은 '밝은 거울이란 틀에 억매이지 않는 것, 본래 한 물건이 없으니 어디에 먼지와 때가 앉을 자리가 있겠는가.'라는 공안公案으로 『대학大學』의 격물格物을 해체했지
해체解體란 낡은 다리를 다이나마이트로 폭파하는 것처럼 시원한 일이나
세상의 앎으로 가는 오작교가 무너졌으니
손오공처럼 근두운을 타고 십만 팔천 리 밖의 서역으로 날아갈

수도 없고
  지혜의 소피아인 직녀織女를 만나러 가고자 하는 학인學人 견우牽牛의 희망도 무너졌구나

  오오 그러면 데리다식으로 격물格物을 해체해서 의미의 차연差延 difference으로 격물格物의 해석을 지연시키면 격물格物의 그림이 무너지지는 않겠구나
  격물格物에 시의 은유와 알레고리의 옷을 입혀 시인의 다양한 해석 속에 세계라는 패션쇼를 연출하도록 하면 되겠구나
  여기까지 생각하니 마음이 기뻐졌네

  시 속에 격물格物을 가둘 수가 있게 되었으니 시가 철학과 선불교의 진리를 흡수했네
  하이데거가 『예술작품의 근원』에서 진리란 '밝힘과 숨김' 사이의 투쟁이라고 말했지
  창밖에는 청명淸明의 바람이 불고 푸른 하늘에 양떼구름이 떠오르는 태양의 노을에 붉은
  옷을 입고 있네
  시어의 양떼를 몰고 가는 시인목동처럼 세계라는 자연의 벌판 속에서
  '대지의 은폐'로부터 솟구치는 푸른 강물 같은 시를 쓰자

  계간 『애지』 2015년 여름호

김백겸
1953년 대전에서 출생. 1983년 《서울신문》 신춘문예 〈기상예보〉로 등단. 시집으로 『비를 주제로한 서정별곡』 등이 있음. 대전시인협회상 등을 수상.

짝짓기의 바벨탑

김상미

　짝짓기는 외로운 사냥개, 표적이 잡히면 엄청난 즐거움에 울고 웃는 탐색전, 즐거움이 크면 클수록 넋 잃고 빠져드는 함정 속의 함정, 연속 다발적으로 벌어지는 실수 속의 실수, 다시 한 번, 또, 또… 속으로 이어지는 끝없는 기다림, 혼자서 치르는 한탄의 손가락꼽기, 슬프고도 슬픈 집중, 딱 한 번 걸린 절호의 찬스 같지만 환영인사인 동시에 작별인사, 한순간의 유혹과 멋진 감동으로 끝나는, 다시는 미래를 향해 안타를 날릴 수 없는 도박, 옷이 홀딱 벗겨진 환희의 무덤, 모든 예술의 끝과 시작처럼 허무하기 이를 데 없는 파라다이스, 속과 겉이 다른 자살미수, 행갈이가 전혀 필요 없는 죽음, 천천히 서로가 서로를 죽이는 퍼즐게임, 모든 아담과 이브가 착각 속에 쓴 철없는 면사포, 神이 인간을 향해 만든 병기 중 가장 성공한 병기, 아무도 피하고 싶어 하지 않는 에로스의 화살, 너뿐이야, 내겐 오로지 너뿐이야, 끝없이 펼쳐지는 황홀한 꽃밭 같지만 순식간에 무성한 잡초로 우거지는, 쓰디쓴 환상, 평생 동안 어마어마한 헛된 호기심 속에 탕진한, 짝짓기의 바벨탑, 그 아래 뻥뻥 뚫린 맹목의 가슴을 부여안고도 새로운 짝짓기를 향해 손 내밀고 구걸하는 너와 나, 짝 잃은 사냥개들의 유원지, 유일하게 인간이 神의 기쁜 장난감이 되어 神의 손에 황망하게 놀아나는!

월간 『시와 표현』 2016년 3월호

김상미
1957년 부산에서 출생. 1990년 《작가세계》 여름호로 등단. 시집으로 『모자는 인간을 만든다』(세계사, 1993) 등이 있음. 2003년 박인환 문학상 등을 수상.

관자, 혹은 관자(貫子) 그리고 나비

김서하

한 쌍의 홍합 껍데기는
나비를 닮았다
뜨거운 국물에서 꺼내 후후 불었을 때
식어서 날아가는 나비
나비의 안쪽엔 뜨거운 꽃의 유착
혹은 부착,
불꽃 위에 검은 나비가 가득하다

꽃보다 가벼운 것들은
다 껍데기다

날아가거나 죽어 버리거나
탈피는 겉옷을 벗어 나뭇가지에 걸어 두는 것
대부분 안과 밖이 다르다
말랑한 홍합이니 쉽게 부서졌다

아버지는 관자貫子에 고정돼 끝내 별을 달지 못했다

뒤집힌 채 죽은 나비를 본 적 없다
사월에서 삼월로 돌아가 죽은 나비가 없듯
식은 물에서 살고
뜨거운 물에서 죽은 홍합
입을 다문 채 죽은 홍합의 내부는 암흑이다

꽃송이가 탈피하고 간 나비의 허물
아버지는 끝내 뜨거운 꽃 위에 앉아보지 못했다

웹진 『시인광장』 2016년 6월호

김서하
전남 광주에서 출생. 2012년 《평화신문》 신춘문예로 등단. 시집으로 『나무의 세 시 방향』(시산맥, 2016)이 있음. 제14회 산림문학상 수상.

月經

김선태

　보름달이 무슨 놋세숫대야만큼이나 누렇고 크다랗게 사립을 엿보는 밤이면 마을처녀들은 밤새 들판을 쏘다녔다 그때마다 그네들은 어김없이 월경을 하거나 원인 모를 임신을 했다 달의 경전을 읽었는지 암고양이며 밤 짐승들도 징상스럽게도 울어댔다 멀리 방조제 너머 바닷물도 그렁그렁 차올랐다 냇갈에서 목욕하는 아낙들의 희고 둥근 엉덩이가 보름달을 닮았다는 걸 그때 알았다 한번은 보름달을 거울삼아 둠벙 가에서 빨래하던 처녀가 홀연 사라진 일이 있었다 물에 비치는 달빛에 홀려 몽유병 환자처럼 둠벙 속으로 걸어 들어갔다 긴 간짓대로 휘저으면 머리 푼 처녀가 수면 위로 불쑥 떠올랐다 마을사람들은 물귀신의 짓이라고 수군댈 뿐 아무도 달빛을 탓하지 않았다 그날 밤은 둥글고 환한 웃음소리가 온 우주에 가득했다

계간 『시작』 2015년 겨울호

김선태
전남 강진에서 출생. 1993년 《광주일보》 신춘문예와 월간 《현대문학》을 통해 작품활동 시작. 1996년 《현대문학》에 평론 〈비애와 무상의 시학〉을 발표하며 평론가로도 활동. 저서로는 시집으로 『간이역』 등과 평론집 『진정성의 시학』 등이 있음. 애지문학상, 영랑시문학상 수상.

성형 퍼포먼스

김선향

생 오를랑*, 그대는 수술장을 무대로 바꾼다. 관객은 전지구인. 배경은 바흐의 마태수난곡. 심장이 허약한 자, 노약자, 임신부는 관람을 삼가라고 경고하는 그대.

의사는 수술복 대신 무대의상을 입고 그대의 지시대로 움직인다. 그대는 여주인공이면서 연출가. 부분마취를 한 그대는 은빛 십자가 마이크를 쥐고 생중계를 시작한다.

그대는 다이아나의 눈, 모나리자의 이마, 비너스의 턱, 프시케의 코를 주문한다. 의사는 그대의 요구대로 뽑고 찢고 파내고 깎는다. 메우고 덧대고 벗기고 펴고 이식하고 도려낸다. 갈고 자르고 벌리고 집어넣는다. 붙이고 심고 좁히고 세우고 잡아당기고 빨아들인다. 그대는 예술을 위해 피를 철철 쏟는다.

여성의 美는 남성에 의해 구축된다.

그대는 이 말을 찢어버리고 조롱한다. 피와 살을 희생제물로 바쳐 그대의 육체는 다시 태어난다. 다이아나도, 모나리자도, 비너스도, 프시케도 아닌 세상 어디에도 없는 생 오를랑으로. 완벽한 미모 대신 기이하고 낯선 그대로. 산산이 부서져버린 기대에 그대는 흡족하여 마녀처럼 웃는다.

이마에 돋아난 두 개의 아름다운 뿔을 만지는 그대여. 타고난 것에 맞서 투쟁하는 생 오를랑이여.

* 프랑스의 행위예술가

계간 『작가세계』 2015년 봄호

김선향
충남 논산에서 출생. 2005년 《실천문학》 신인상으로 등단. 시집으로 『여자의 정면』(실천문학, 2016)이 있음.

좌파/우파/허파

김승희

시계 바늘은 12시부터 6시가지는 우파로 돌다가
6시부터 12시까지는 좌파로 돈다
미친 사람 빼고
시계가 좌파라고, 우파라고 말하는 사람은 없다
아무리 바빠도 벽에 걸린 시계 한번 보고 나서 말해라

세수는 두 손바닥으로 우편향 한번 좌편향 한 번
그렇게
이루어진다
그렇게 해야 낯바닥을 온전히 닦을 수 있는 것이다

시계바늘도 세수도 구두도 스트레칭도
좌우로 왔다 갔다 하면서 세상은 돌아간다
벌써 구두의 한쪽은 좌파이고 또 다른 쪽은 우파이다
그렇게 좌우는 홀로 가는 게 아니다
게다가 지구는 돈다

좌와 우의 사이에는
청초하고도 서늘한, 다사롭고도 풍성한
평형수가 흐르는 정원이 있다
에덴의 동쪽도 에덴의 서쪽도
다 숨은 샘이 흐르는 인간의 땅
허파도 그곳에서 살아 숨 쉰다

계간 『시작』 2016년 봄호

김승희
1952년 전남 광주에서 출생. 1973년 《경향신문》 신춘문예에 시가 당선되어 등단. 1994년 《동아일보》 신춘문예 소설에도 당선. 시집으로 『태양 미사』 등이 있고, 그밖의 저서로는 산문집 『33세의 팡세』 등과 소설로는 『산타페로 가는 사람』 등이 있음.

028

滴
– 저수에 대하여

김신용

저기, 벌판에 나무 한 그루가 서 있다 (두 그루가 있다고 상상해도 상관없다) 나무는 꼭 저수樗樹처럼 서 있다 가구를 만들면 부서지고 문짝을 기둥을 만들어도 곧 썩어, 아무도 베어가지 않는다는 나무 아무도 베어가지 않아 오래 살아남는다는 나무 그렇게 오래 살아남아 가지 뻗고 잎 무성해지면, 먼 길 걸어 지치고 고단한 발걸음들이 쉬어 가는 그늘을 드리운다는– (그래서 장자에게 '아무 쓸모없음의 쓸모, 無用의 用'을 말하게 한)– 나무처럼 서 있다

나는 그 그늘을–, 나무의 상상력이라고 상상 한다 마치 내면의 상처처럼 뻗어 나온 가지가 움켜쥔 잎은–, 사유 같다고 생각한다

만약 그렇지 않다면… 키 낮은 관목처럼 못생기고 볼품없이 자라 올라, 이제는 늙어 고목이 된, 힘줄 불거지고 메말라 갈라진 수피의 등걸로 꾸불텅 가지를 뻗고 있어, 어떤 도끼도 톱날도 쉽게 다가오지 못할 것 같은… 저 나무가 드리우고 있는 그늘은 어떻게 설명해야 할까…

비록 이파리 하나 먹을 수 없는–, 그래서 假竹라고 불리우는–, 이 쓸모없는 나무가 가짜 중을 닮았다고 하여 假僧木으로도 불리우지만, 저렇게 늙은 고목으로 자라 올라 거기, 무겁게

드리워진 그늘-. 바위처럼 완강할, 그늘-.

나는 그 그늘을, 허구라고 생각하지 못한다
상상이라고-, 상상하지도 못한다

무슨 농담인 듯 익살인 듯, 아무도 베어가는 사람이 없어 오래 살아남아, 마치 허구 같은 그늘을 드리우고 있지만

그 그늘 아래 서면, 못생긴 가슴목 같은 내 그림자도
누구의 문짝 하나, 기둥 하나로 서 있을 것 같은-

결코 상상이 아닌, 허구가 아닌, 살아있는 형상으로 서있을 것 같은-

저기, 벌판에 나무 한 그루가 서 있다

나무가 땅에 떨어진 씨앗일 때부터, 나비를 열망하는 〈상상하는 세포〉*를 가진 것처럼

*조안나 메이시의 '산파'에서

계간 『문예바다』 2015년 겨울호

김신용

1945년 부산에서 출생. 1988년 시 전문 무크지 《현대시사상》 1집에 〈양동시편-뼉다귀집〉 외 6편을 발표하며 작품활동 시작. 저서로는 시집으로 『버려진 사람들』 등과 장편소설 『달은 어디에 있나 1,2』 등이 있음. 2005년 제7회 천상병 문학상, 2016년 제9회 시인광장문학상 등을 수상.

홍도

김언희

시시각각 홍채의 색깔이 변하는 태양
퉤,퉤,퉤,퉤,퉤 침을 뱉어대는 바다
사방으로 튀는 침방울
좌판 위에서 잠을 깨는 물고기
썩어갈수록 싱싱해지는 핏빛 물고기 눈알
살 떨리게 몰아세우는 時時 刻刻의 혀
너무 길거나, 너무 짧은 혀
요원한 독순술
요원한 G 스폿, 詩여
매 순간이 餓死 직전인
구멍 없는 매춘부!

계간 『문학과 사회』 2016년 여름호

김언희
진주에서 출생. 1989년 《현대시학》으로 등단. 시집으로『트렁크』(세계사, 1995) 등이 있음. 2004년 박인환 문학상 특별상 등을 수상.

검은 별 1

김영산

검게 빛나는 별 우리 사랑은

      블랙홀로 암전되고

    운명은 검게 오나.
        상중의 여인에게
        전화가 자꾸 걸려오네

검은 별아, 내 검은 별아
모든 별은 이별 속에 있네
모든 시는 이별 속에 있네

나를 염하지 마라
내 시를 염하지 마라
평상복이 수의고 상복이다!
내 무덤의 말을 들어라

사랑의 최전선이 꼭 좋은 것만은 아니다
시의 최전선이 꼭 좋은 것만은 아니다
모든 최전선은 무덤일 수 있다!
내 무덤의 시를 들어라

시의 이면에는 검은 별이 있다,
나는 검은 별 내 시는 검은 별

하얀 별은 검은 별 검은 별은 하얀 별
모든 하얀 광채는 검은 별이 있어 빛난다,

하얀 별아, 내 하얀 별아
모든 별은 이별 속에 있네
모든 시는 이별 속에 있네

너는 왜 성에 가둔 사내를 용서하느냐
네 일생을 성에 가둔 그를, 매순간 살해를 꿈꾸던 그
심장의 칼을 빼고 돌아가려느냐
평생 상복 입고 나를 그리더니
상복 벗자마자 내 무덤을 떠나니
나는 파묘가 된 것처럼 운다

너는 모든 성으로부터 한 발짝도 떠나지 못하느냐
너는 황금의 성으로부터 한 발짝도 떠나지 못하느냐
네 죽음극은 네가 꾸민 연극
네가 만든 무덤들은 모두 허묘墟墓
네가 세운 비석들은 모두 허비墟碑
네가 쓴 시는 모두 비시非詩
네가 쓴 시는 모두 비시碑詩

검은 별아, 내 검은 별아
모든 별은 이별 속에 있네
모든 시는 이별 속에 있네

— 저 검은 비석의 이야기. 그 광인 음악가를 만난 건 이곳의 무덤, 이곳 공동묘질 통째로 무덤의 건반 두드린다.

재앵재앵재앵재앵재앵재앵앵재앵앵

쟁쟁쟁쟁쟁쟁쟁쟁쟁쟁쟁
쟁쟁쟁쟁쟁쟁쟁쟁쟁쟁쟁
그가 묘지기 음악가가 된 건
아내와 딸이 떠나고부터라고.
그녀를 만난 것도 묘지, 그녀는 묘지기 피아니스트
공동묘질 통째로 무덤 건반 하나하나를 두드린다.
그가 마지막 펼치는 악보는
죽음의 무음곡인지 모른다고.

 그녀와 딸이 먼 이국에 갔다고 자신을 버린 게 아니라 음악을 배우러 갔다고 딸 유학비를 벌어야 한다고 술은 끊을 거라고 대학 강의는 그만두었지만 곡을 써서 돈은 벌거라고.
 사람들은 나를 광인 음악가라 부르지만 내가 날마다 무덤으로 출근하여 곡을 쓰는 건 딸아이 때문이라고 무덤에 무슨 탄생의 비밀이 있겠냐고 도심 공원묘지로 출근하는 건 모든 죽음이 실마리가 아니겠냐고 이제 전화를 걸어도 받지 않지만 모두 무사하니 괜찮다고. 흑비여 흑비여

산 자도 죽은 자도
사랑에는 중간지대가 없다
미움에는 중립지대가 없다

내 연적의 그 성에서
아무리 황금의 수의가 탐이 나도
시의 이름으로 수놓아
나를 염하지 마라
내 시를 염하지 마라
평상복이 수의고 상복이다!

하얀 별아, 내 하얀 별아

모든 별은 이별 속에 있네
모든 시는 이별 속에 있네

네게 웨딩드레스를 주마
다시 상복 입혀주마,
다시 상복 입지 않겠지

너는 상복 벗자마자 웨딩드레스 입고 떠나고
네가 떠나자마자 난 상복 입는다
모든 것은 뒤바뀐다, 모든 시는 뒤바뀐다, 모든 무덤은 뒤바뀐다,
모든 연적은 뒤바뀐다!
모든 시의 연적은 시였다
시의 질투는 시였다
그러나 모든 것이 뒤바뀌어
이 도심의 공원묘지
늙은 청춘들이 배회하고
늙은 빌딩들이 둘러선 줄 알았더니
— 오 머리에 불을 켜고 꽃상여 같은 빌딩들
황혼의 무덤 사이를 거닐 때
황금의 비석처럼 빛난다.

웹진 『시인광장』 2014년 1월호

김영산

1964년 전남 나주에서 출생. 1990년 《창작과 비평》 겨울호로 작품활동 시작.
시집으로 『평일』(시와시학사, 2000) 등이 있음.

김왕노김유석김윤이
김재근김중일김지녀
김지율김지인김희숙
류인서김왕노김은숙
김윤이김재근김중일
김지녀김지율김추인
김희숙류인서김왕노
김유석김윤이김재근
김중일김지녀김지율
김추인김희숙류인서

김왕노 김유석 김윤이
김재근 김중일 김지녀
김지율 김추인
김희숙 류인서

031
⋮
040

김왕노 김유
석 김윤이 김재
근 김중일 김
지녀 김지율
김추인 김희숙 류인서
김왕노 김유석 김윤이

사랑학 개론

김왕노

쿠페아 어디 있는가. 묻지 마 살인과 자살테러의 시간이라도
그리움은 숙명과 같은 것이라 적에게 노출되더라도
쿠페아 너를 부르다가 무자비하게 죽어도 그것이 그리움의 길이다.
그리움은 부동의 재산이라고, 그리움이 화폐로 금으로 은으로
축적도 하지만 결국은 그리움을 탕진하며 한 사람에게 가야만 하는 섭리를
쿠페아 어디 있는가. 우리가 가장 결핍된 부분이 사랑과 그리움
우리 문명의 치명적 오류는 사랑을 경외하는 것이 아니라 도외시한 것
사사삼경 논어 맹자 가례보다 더 우선 배워야 할 것이 사랑 학개론이었다.
쿠페아 아직 사랑이라면 너무 구태의연하고 맹목적이라는 편견이 있다.
그것이 모든 것의 화근이고 이 편견의 바이러스가 창궐하면 종말이 온다.
테러와 약육강식 배반과 숙청 피와 장미의 가시가 뒤엉킨 역사는
사랑의 부재가 가져온 사랑의 오해가 가져온 산물이 아닌가.
사랑에 방심한 사람은 사랑을 잃을 뿐만 아니라 사람을 잃는다.
세상이 점점 더 사막화되어가는 인류의 터전이 사라지고 있는 순간
대책이란 그리 크나큰 것이 아니라 전 인류가 매달리는 것이 아니라
개개인이 사랑에 눈 뜨고 최후의 순간까지 사랑을 비처럼 뿌리

는 것이다.

　가뭄으로 시들어 가는 텃밭에 물을 주듯 모종을 옮기고 물을 주듯

　가슴에 사랑의 물뿌리개 한 개 쯤은 있어 끝없이 뿌리는 것이다.

　쿠페아 사랑 없는 밤이 무섭다. 사랑 없이 노는 아이가 섬찟하다.

　사랑이 없으므로 살의를 만지작거리면서 노는 밤인 줄 모른다.

　사랑이 없어 어떤 사랑의 말을 나눌지 몰라 방황하고 자해하는지 모른다.

　쿠페아 우리가 후세에 줄 선물로 사랑만큼 고귀한 것이 어디 있을까.

　인류가 존속하느냐 멸하느냐의 핵심은 지구를 향해 돌진해 오는 곧 닥칠지 모르는 빙하기가 아니라 사랑의 존폐에 달린 것이다.

　쿠페아, 가막살나무의 꽃말, 사랑은 죽음보다 강하다 라를 생각하다가

　창포의 꽃말 인 경의, 신비한 사람, 할 말이 있어요. 를 생각하다가

　사랑은 어떤 이유에서든지 사랑이어야 한다고 믿는다.

　살아가는 데는 한 개의 목숨이 필요하나 사랑하는 데는

　천 개의 목숨이 필요하다고 생각한다.

　쿠페아 사랑을 말하는 데 갑자기 비바람이 분다.

　멀지 않아 네 사랑이 내 생의 등줄기를 거침없이 훑고 지나가길 바란다.

계간 『예술가』 2016년 여름호

김왕노
1957년 포항에서 출생. 1992년 《매일신문》 신춘문예에 시 〈꿈의 체인점〉으로 등단. 시집으로 『슬픔도 진화한다』(천년의 시작, 2002) 등이 있음. 2006년 제7회 박인환문학상 등을 수상.

거미의 행방

김유석

내 방에 유령이 있다.

낡은 사진들과 도금이 벗겨진 벽시계 사이
미소 띤 젊은 날의 얼굴과 멈춘 시간이
비긋이 걸린 구석

상형문자처럼, 검은 실밥으로 뜬 저 표지標識는
형체를 드러내지 않고 존재의 느낌을 거느리는 것의 정체

유치하게 커튼을 흔든다거나
공연히 전등을 켰다 껐다 하는 시시한 자작극은 치워라
열려진 감옥인데 달아나지 못하는 기분일 뿐인

색 바랜 사진 속에
첫사랑처럼 하고 싶은 얼굴이 있다.
흔적이 묻는 발을 사진 밖으로 감추고
생각을 털어내듯 무늬처럼 웃는 젊음이
잠자는 시계를 바라보고 있다.

멈춰진 시간은 미소 끝에서 그가 출몰하는 시간
감정과 욕망과, 뻔한 것들로는
겨우 21그램의 무게*를 가진 그를 불러 낼 순 없지만

차갑고 푸르스름하게 또 한 해가 닫히는 밤, 문득

커다란 자루를 메고 세상 밖으로 나서는 수사修士를 본다.
오래 전 죽은 채로 나를 감시해 온 독재자

바늘이 돌고, 점점 빠르게
사진이 늙는다.
사몽似夢과 비몽非夢 사이
이상과 허영이 모처럼 내통하는 쭈글쭈글한 잠 속
여전히 슬근거리는 것이 있다.

거미인 줄 알았는데
시간이다.

* Duncan Macddougal 박사가 실험한 영혼의 무게

월간 『현대시』 2015년 2월호

김유석

1960년 전북 김제에서 출생. 전북대학 문리대 졸업. 1990년 《서울신문》 신춘문예 시부문에 〈신월기계화단지〉가 당선되어 등단. 시집으로 『상처에 대하여』(한국문연, 2005) 등이 있음. 2015년 제5회 웹진 『시인광장』 시작품상 수상.

오전의 버스

김윤이

빛이 왔다. 열시 무렵 버스창에 너울대는 형태로. 추돌사고로 정체된 도로에서 연좌농성중인 차창들 빛을 나눠가지네. 눈 뜨기 힘드네. 도로복판에 돌멩이처럼 박혀있는 우리. 국경 넘는 난민들 같네. 가고자 하는 마음을 뒷전으로 미룰 때에야 흘러간 길로 들어갈 수 있네. 남자가 버릴 때 직장이 버릴 때 그 짧은 순간엔 어디서나 뽀얗게 먼지를 뒤집어쓴 햇빛이 두 눈 덮쳤네. 시간아, 언제나 열패의 아뜩함을 주었지. 캄캄한 절망을 열쇠이라 부르던가. 낙오가 낙오를 거듭하였네. 한시바삐 시간을 돌리는 크로노스여, 나 행여나 하는 마음으로 사랑을 찾았으나 또 얼마나 떨쳐버리려 했던가.

지구별 통로가 탈난 모양이네. 사랑의 여정도 병목일런가. 날더러 생고역쯤에서 기다리라네. 지구는 눈금반 시계처럼 둥글어라. 차량은 떠날 차비로 바빴어라. 환생이 주어진대도 나 이제 속 뜨건 사람이고 싶진 않어라. 험로를 뚫고 제일로 빠르게 일차선이 풀리네. 억지로 차량들 빠져나가네. 어쩌나. 네 생각을 기어코 떨치고 가네.

웹진 『시인광장』 2016년 6월호

김윤이
2007년 《조선일보》 신춘문예로 등단. 시집으로 『흑발 소녀의 누드 속에는』 등이 있음.

저녁의 부력

김재근

1
물속 저녁이 어두워지면
거미는 지상으로 내려온다
자신의 고독을 찾아 천천히 그물을 내리는 것이다
미로 속, 미아가 되어
지구의 차가운 물속 저녁으로 눈동자를 풀어놓는 것이다

몸이라는 슬픈 악기
출렁이는 몸속 물의 음악

북극을 감싸는 오로라의 젖은 메아리처럼
허공에 매달려 시간이 무뎌질 때까지
거미는, 스스로를 배웅하는 것이다

2
비행운을 그리며 날아가는 영혼들

어느 물속에서 잠들까

태어나 처음 듣는 울음에 귀가 놀라듯
태어나 처음 보는 눈동자에 눈이 놀라듯

자신에게 숨을 수 없다

거미는

스스로의 몸으로
허공에 자신을 염하는 것이다

3
물속 지느러미처럼 느린 저녁이 오고
늦출 수 없는 질문처럼, 말할 수 없는 대답처럼,
스스로 듣는 거미의 잠
잠속이 밝아 잠들지 않는데
눈알을 태우는 몸속 까마득한 열기, 들을 수 없다
촉수를 뒤덮는 시간, 머물 수 없다

어떤 부력이 저녁을 떠오르게 할까
허공의 기억만으로 흐려지는 여기는
누구의 행성인지, 대답할 수 없다
체위를 바꾼 기억이 없기에

몸속에 고이는 게 잘못 흘린 양수 같아
매일 젖은 몸을 말리며
매일 젖은 눈을 더듬으며
빈 허공을 깁는 것이다

거미줄에 닿아 식어버린 지구의 저녁
저녁의 부력이란 거미의 울음 같아 만질수록 쓸쓸하다

계간 『세계의 문학』 2015년 여름호

김재근
부산에서 출생. 2010년 제 10회 《창비》신인시인상을 통해 등단. 시집으로 『무중력 화요일』(창비, 2015)이 있음.

강호

김중일

언젠가 깊은 봄밤에 나는 수만리 밖에서 내게 내미는 사형의 손을 보았다.
그는, 오늘은 공터의 목련나무를 통해 손을 뻗었다.
아이 주먹 같이 흰 살결의 목련, 하루하루 검게 단련되는 그의 손.

그의 손 하나, 손 둘, 손 셋, 목련나무 아래 선 내 정수리로 떨어졌다.
그의 손이, 지구 저편 다른 계절로부터 계속해서 내 어깨를 이마를 짚듯 후드득 떨어졌다.

집을 떠나며, 남은 손금을 힘껏 당겨 화살처럼 모두 날렸다.
꽂힌 자리에 꽃들이 벌어졌다.
내 손금이 화살처럼 순식간에 비집고 들어가며 불거져 나온 공중이 꽃이다.

손금이 무수히 꽂힌 손은 얼마나 깊은 공중인가.
평생 우리는 서로 공중을 펼치고 공중을 내밀고 공중을 날리고 공중을 부딪치고 공중을 맞잡는다.

콧등에 떨어진 빗방울에서 피비린내가 확 풍겼다.
공중은 검흔처럼 빗줄기로 패였고, 땅에 떨어진 비는 악어처럼 들끓었다.

악어들은 내 두 발을 삼켰고 불시에 나는 발을 잃고 소나기 속에 갇혔다.

오늘도 공중의 빈틈을 찾아내는, 꽃들과 새들이 펼치는 고강한 권술.
봄밤을 한바탕 휩쓸고 공중으로 순식간에 사라지는 꽃들과 새들.
내 몸은, 저 꽃들과 새들에게 눈뜨고 당한 고수들의 무덤이다.
그중에 아버지는, 내 가파른 수직 절벽의 몸 가장 높은 자리인 이마에 묻혀 있다.
이마는, 꽃과 새가 타고 다니던 한 필 바람의 무덤이다.

야밤에, 수만리 밖 다른 계절로부터 개미의 모습으로 사형이 날 찾아왔다.
풍찬노숙, 잠든 내 둥근 이마 위를 개미 한 마리가 칼에 깊이 베인 다리를 끌고 힘겹게 오르고 있다.
자기보다 몇 배는 큰 봄밤이라는 시체를 짊어진 채.

웹진 『시인광장』 2016년 6월호

김중일
1977년 서울에서 출생. 2002년 《동아일보》 신춘문예로 등단. 시집으로 『국경 꽃집』(창비, 2007) 등이 있음. 2012년 신동엽문학상, 2013년 제3회 김구용시문학상, 2016년 제9회 시인광장문학상 수상.

팔레트 속

김지녀

각자의 허기를 달래줄 국경이 됩시다

당근과 사과가 섞인 주스를 마시고
소주와 맥주가 섞인 술을 따르고
국적이 불분명한 얼굴로

태양을 그렸는데 달이 되고
산을 그렸는데 울타리가 되는

눈썹과 눈동자와 코를 그려 넣을 수 있는 계란만큼
훌륭한 얼굴은 없습니다
한쪽 귀는 절벽 다른 쪽은 바위
입술은 그리지 맙시다

입술이 열리면
말과 생각이 터지기 쉽습니다
배가 고파도 열리지 못하는 입술들이 있으니까

노란색 바나나는 더 노랗게 칠하고
한쪽 눈은 파랑, 다른 쪽은 주황
콧구멍은 갈색
머리는 초록색

무엇을 색칠하든

입술은 그리지 맙시다
지구에 사는 옷 속의 몸은 의외로 얇고
국적 없는 얼굴들에도 열렬한 사랑이 찾아옵니다

국경은 어디에 있습니까?
칸과 칸 사이를 흘러넘친 이 색깔을 무슨 색깔로 불러야 합니까?

월간 『현대시학』 2016년 2월호

김지녀
1978년 경기도 양평에서 출생. 제1회 〈세계의문학〉 신인상을 수상하며 등단.
시집으로 『시소의 감정』(민음사, 2009) 등이 있음.

빨간 컨테이너
− 프리즈버드

김지율

창문 너머로 기울어지는
그림자들 속에
잃어버린 말이 있고
기다려온 말이 있다

어쩌면 더 빨리 끝날지도 몰라

밤중에 손톱을 깎으면 검은 새와 가까워진다 미안하다는 말은 새가 많다는 말 폭염은 리얼하고 혁명은 오래 전의 일 그러니까 나무속에는 숨을 수 있는 구멍이 많아, 입을 여는 순간 새가 튀어나온다.
  컨테이너에서 죽은 남자는 아직 새를 모른다 밖에는 비가 내리고 돌멩이에서 피 냄새가 난다 끝까지 눈을 감고 끝까지 귀를 닫고, 한 번 더 해봐

공기 속에는 비밀이 많아서

빈곳의 벽이다
검은 밤을 날아가는 돌멩이
매번 다른 기도를 위해
잠시 눈을 감고 잠시 숨을 참는 것을
프리즈버드, 라고 부를 때

흰 발을 보여줄게

가끔 구름이 들어왔다 나갔다
죽을 만큼 아프지는 않았지만

종이를 찢을 때마다, 흰 새가 날아갔다

2016년 『시애』誌 제10호

김지율
경남 진주에서 출생. 2009년《시를 사랑하는 사람들》을 통해 등단..

모래시계

김추인

  한 생이 다른 생을 밀고 가는 세상이 있습니다

  추락하면서 날아오르면서 거기 착지할 바닥이 있다는 것을 믿으며 밀리어 끝까지 가보다 어느 지점에선가는 뛰어 내려야 하는 모래의 시간이 있습니다

  거꾸로 뒤집히면서 비로소
  다시 뛰어 내릴 수 있는 힘이 축적된다는 거
  앞서거니 뒤서거니 뒤의 생이 앞의 생을
  밀어주기도 받쳐주기도 한다는 거

  한 알 한 알 그 지점에 닿기까지 닿아서 낙마하기까지 바닥에 손 짚고서야 가슴 저리게 오는 시간들이 있습니다

  지금보다 눈부신 나중이 있다고 믿는 일
  착각의 힘이여 신기루여
  그대들 없이 무슨 힘으로 날이면 날마다 물구나무 설 수 있으리

  하루 스물 네 번씩이나 몇 십 몇 백 번씩이나 뒤집히면서 깨지면서 찰라 또 찰라를 제 생의 푸른 무늬 짜 나가는 것은
  죽어서도 그리울 개똥밭에서 쳇바퀴 돌며 뒤집히고 넘어지는 우리 모래의 시간에도 기다릴 것이 있는 때문이겠습니다

  한 번 손잡은 일 없이도

함께 세상 끝까지 가보다 뛰어내리는 모래의 시간이 있습니다

격월간 『시사사』 2016년 3~4월호

김추인

1947년 경상남도 함양에서 출생. 1986년 《현대시학》을 통해 등단. 시집으로 『온몸을 흔들어 넋을 깨우고』 등이 있음.

진창의 누각樓閣

김희숙

뇌수술을 한 친구의 문병
명징했던 한 인간의 누각樓閣이
고작 작은 실핏줄 한 가닥에 의지했었다니
어눌한 말투와 점령당한 뇌
남루한 표현들로 수습된다니
평생을 쌓은 높이가 한 낱
어린아이가 뛰어 올라와 놀고 있는 높이라니.

가는 실핏줄을 오르고 있었던
불시不時를 살피지 못한 아둔함을 답습하고 있었다는 것
끝자락까지 뛰어간 생의 전환점에서
아이가 된 친구는
하루가 다르게 쑥쑥 자라겠지만
그것 또한 늙은 고아라는 것

병실 창밖엔 실핏줄 같은 빗줄기가
돌고 도는 뇌하수체인 듯 어지럽다.
이제 빗줄기 그치고 맑은 날 와서 나들이나 가자고
다독거리고 돌아선 길
요란한 빗소리가 어느새 잦아들고
또 고요해지고
나는 이 우기雨期의 누각樓閣을 접어
지팡이처럼 젖은 길을 짚고 있다.
때론 가장 높은 곳이

가장 남루해질 때가 있다.
펼친 순간엔 가장 높았던 곳이
접고 나면 가장 밑바닥이라는 것
그 끝에 어디서 묻었을 오욕이
뚝뚝 떨어지고 있었다.

계간 『미네르바』 2016년 여름호

김희숙
2011년 《시와 표현》으로 등단.

040

묵독파티

류인서

이곳의 약속은
'오직 고요할 것'

블라인드 틈으로 스며든 그늘이
탁자를 삼키고
꽃병뿐인 액자를 삼킨다

침대 위에는
읽다 펼쳐둔 책처럼
그의 벗은 엉덩이가 있다

모서리 희미한 창문에다
새들이 흉강의 남은 빛을 베껴 넣는다
소리의 그늘까지가 빛의 유희인가

숨소리는 내가 읽은 드물게 에로틱한 페이지
간빙기의 따뜻함이 조금
세속적인 저녁기도에 녹아든다

우리가 모래의 책이라면
그의 엉덩이를 펄럭이는 사구라 해도
이상하지 않다

석고가루와 물을 굳혀 만드는 입체조형물처럼

그의 엉덩이는
내가 안경 없이 읽고 싶은
뜨겁고 서늘한 페이지들

동요하는 세계에 대한 고백처, 이곳은
우리가 방문한 언덕마을의 태연한 하루

사막은 안전기지가 없다
나는 내 사랑을 수행遂行한다

계간 『시와 사람』 2016년 봄 여름 합본호

류인서
2001년 계간 《시와 시학》으로 등단. 시집에는 『그는 늘 왼쪽에 앉는다』(창작과
비평, 2005) 등이 있음. 2009년 제6회 육사시문학상 젊은시인상 등을 수상.

문현미박남희박서영
박용하박지웅박해람
박춘석박현웅배익화
봉윤숙문현미박남희
박서영박용하박지웅
박해람박춘석박현웅
배익화봉윤숙문현미
박남희박서영박용하
박지웅박해람박춘석
박현웅배익화봉윤숙

문현미박남희박서영
박용하박지웅박해람
박춘석박현웅
배익화봉윤숙

041

문현미박남희
박서영박용하

⋮

박지웅박해람

050

박춘석박현웅
배익화봉윤숙문현미
박남희박서영박용하

그래서

문현미

공식이란 공식은 모두 끌어 왔지만
해산의 아우성으로도 겨자씨만한 답조차 얻지 못한다
혼돈의 비공식에서 세상의 빛이 있었고
공식의 여기에서 오아시스같은 비공식을 찾고 있다
처녀의 몸을 빌어 태어났다는 구유의 비밀을
구구단 공식처럼 외우고 다닌다

정신이 몸을 누르는 것이 아니라
몸이 정신을 누른다는 학설이 있다

그래서 몸은 위대하다고
그래서 몸은 신비하다고
그래서 몸은 거짓이 없다고
몸은 몸으로만 말한다고, 그래서

사과의 껍질을 벗기며 궁금증의 각질이 일어난다
껍질이 먼저 둘레가 되었는지 속살이 미리 차올랐는지
그래서 껍질과 속살의 경계가 어디쯤인지

정신과 몸 사이에 섬세한 피가 흐르고
껍질과 속살 사이에 달콤한 수액이 흐른다
주름진 눈거풀의 섬유질이 마지막 풀릴 그때까지
끝없이 정이 들어가는 몸과 정신의 비공식 속에서

이것만이 진실이라고 쓰지 못한다, 그래서
이 시를 쓰는 손만이 진실한 몸이라고 쓴다
종이 위 먹빛이 불안하게 희미해지는 것처럼 그래서
진실의 힘은 들판에 던져진 마른 풀 같다고

웹진 『시인광장』 2014년 2월호

문현미
부산에서 출생. 1998년 《시와 시학》으로 등단. 시집으로 『기다림은 얼굴이 없다』 등이 있음. 2008년 박인환문학상 등을 수상.

허공을 다른 말로 말하면

박남희

시는 완성되었을 때 시인을 떠나지
자신이 얼마나 불완전한 존재인지도 모르고
시인을 버리지

시인의 고정관념을 버리고
시인의 논리를 버리고
시인의 눈물을 버리지

버리고 버리고 더 이상 버릴 것이 남아있지 않을 때

시는 바람에게 구름에게 새로운 말을 걸지
아무도 알아들을 수 없는 방언으로
잊힌 시인을 호명하듯
새들에게 절벽에게 말을 걸지

시인이 아주 보이지 않을 때
시는 비로소 자신의 불완전함을 깨닫고
스스로 시인을 찾아 나서지
시인의 눈물이나 논리의 반대방향으로
새로운 말의 질서를 찾아 나서지

거꾸로 말해도 바로들을 수 있는 귀와
그림자로 말해도 실체를 볼 수 있는 눈과
점자로도 눈물을 읽어낼 수 있는 손톱을

이리저리 찾아 나서지

그게 허공이라는 거야
종종 환청이 혼잣말을 하지만

날개는 완성되었다고 생각될 때 나무를 떠나지
자신이 얼마나 불완전한 존재인지도 모르고
나무의 둥지를 버리지
둥지가 자라서 왜 울음이 되는지
새 속에 왜 시가 들어있는지도 모른 채
허공에 뾰족한 생각의 부리를 묻지

월간 『현대시학』 2015년 9월호

박남희
1996년 경인일보, 1997년 서울신문 신춘문예 시가 당선되어 등단. 저서로는 시집으로 『폐차장 근처』(한국문연, 1999) 등과 평론집 『존재와 거울의 시학』이 있음.

달의 왈츠

박서영

당신을 사랑할 때 그 불안이 내겐 평화였다. 달빛 알레르기에 걸려 온 몸이 아픈 평화였다. 당신과 싸울 때 그 싸움이 내겐 평화였다. 산산조각 나버린 심장. 달은 그 파편 중의 일부다. 오늘 밤 달은 나를 만나러 오는 당신의 얼굴 같고. 마음을 열려고 애쓰는 사람 같고. 마음을 닫으려고 애쓰는 당신 같기도 해. 밥을 떠 넣는 당신의 입이 하품하는 것처럼 보인 날에는 키스와 하품의 차이에 대해 생각하였지. 우리는 다른 계절로 이주한 토끼처럼 추웠지만 털가죽을 벗겨 서로의 몸을 덮어주진 않았다. 내가 울면 두 손을 가만히 무릎에 올려놓고 침묵하던 토끼.

당신이 화를 낼 때 그 목소리가 내겐 평화였다. 달빛은 꽃의 구덩이 속으로 쏟아진다. 꽃가루는 시간의 구덩이가 밀어 올리는 기억이다. 내 얼굴을 뒤덮고 있는 꽃가루. 그림자여, 조금만 더 멀리 떨어져서 따라와 줄래? 오늘은 달을 안고 빙글빙글 돌고 싶구나. 돌멩이 하나를 안고 춤추고 싶구나. 그림자도 없이.

계간 『시로 여는 세상』 2014년 가을호

박서영
1968년 경남 고성에서 출생. 1995년 《현대시학》으로 등단. 시집으로 『붉은 태양이 거미를 문다』(천년의시작, 2006) 등이 있음. 2014년 제3회 고양행주문학상 수상.

이 그림자 없는 거리에서

박용하

우리는 관계없는 관계였다
내가 너를 지나가듯이 너는 나를 미끄러져 갔다
얼음과 절벽의 만남
잘 지나가고 잘 미끄러지는 묘기
이 거리에서
이 눈빛 찌르는 거리에서
이 싸움 같지 않은 싸움의 거리에서
어제를 지켜볼 수 없게 우리는 사라져 갔다
이 그림자 없는 거리에서 깊이는 죄악이었고
사랑의 깊이는 최악이었다
헛된 시간을 지나가는 유령들의 화장술 속에서
이 사람 많은 거리에서 그 무엇도 아닌 사람이 그리웠다
우리는 물건이 아니었음에도 물건같이 돼 버렸다
그렇더라도 피로와 함께 야밤으로 퇴근하고
이 비루한 거리로 아침과 함께 쫓기듯 돌아와
내 사랑의 야윈 그림자를 안을 것이다
내 사랑의 투철한 결핍을 업을 것이다
이 거리에서
이 배제의 거리에서
너의 얼룩진 숨소리를 듣는 사람이 있다
너의 잿빛 숨소리를 밟고 가는 사람이 있다
이 세상 어디를 가든, 어디에 속하든, 무수한 그대 눈빛 그림자
이 거리는 무수한 너의 거리
너는 무수한 나였다

이 이익의 거리에서
이 영업 비밀의 거리에서
말이 허망한 세상이라 해도
사람들 속에서 언어를 구할 것이다
괴로워도 여기서 이 순간들의 횡단 속에서
물결치는 호흡과 내뿜는 시선들 속에서 노래를 구할 것이다

계간 『시와 반시』 2015년 겨울호

박용하
1963년 강원도 강릉에서 출생. 1989년 《문예중앙》에 시를 발표하며 등단. 시집으로 『나무들은 폭포처럼 타오른다』 등이 있음.

좀비극장

박지웅

첫 장면이 죽여요 비명에서 아름다운 맛이 나요
몸부림칠수록 침이 고여요 먹지 않을 때
우리 입은 절규하듯 열려 있어 이 마을 저 마을 습격해요 닥치는 대로 물어뜯어요

감염된 슬픔은 사후에 명랑해져요 어깨 뒤틀고 되살아나 건강하고 이 유쾌한 사후세계를 환영해요
우리는 두 팔을 앞으로나란히하고 걸어 다녀요 구령은 뒤에서 들리지요 사실은 위에서 내려와요 솔직히 속이 뒤틀려요

앞서 걷는 당신이 어깨를 들썩여요 당신이 흐느끼는 순진한 이유를 알아요
그는 살았을 적 탐욕이 많았어요 먹는 것을 부끄러워하면 안돼요 식욕은 자연스러워요
먹고 먹히는 어른들의 세계는 단순해요
죽음의 발육이 시작되는 아귀의 동굴에서 우리는 먹으러 왔어요. 비틀거리며 서로 배 속으로 들어가요

끝 장면이 또 죽여요. 앞자리 여자가 휘익 돌아봐요
나는 뒤에 있다가 갑자기 앞이 돼요

웹진 『시인광장』 2016년 8월호

박지웅
1969년 부산에서 출생. 2004년 계간 《시와 사상》 신인상을 통해 등단. 2005년 《문화일보》 신춘문예에 〈즐거운 제사〉 당선. 시집으로 『너의 반은 꽃이다』 (문학동네, 2007) 등이 있음. 2016년 제11회 지리산문학상 수상.

화가 쿠르베씨의 거울

박춘석

쿠르베씨 나의 초상화를 다시 그려주세요
나는 변했답니다
당신이 그린 내 초상화는 다양한 심층이 그려져 있지 않습니다
시간의 변화도 생략되었습니다
나는 시간에 예속되어 있는 얼굴을 가지고 있습니다
쿠르베씨 당신의 거울은 날마다 똑같은 얼굴을 담는
흐르지 않는 웅덩이는 아니겠지요
나를 그려달라고 했는데 당신은 다수의 여자를 그렸습니다
나는 특정한 나입니다만
당신 거울에 비추니 다수의 여자로 묽게 풀어지는군요
20살에서 40살까지를 그려달라고 했는데 당신은 20살만 그렸습니다
쿠르베씨 나의 우주를 축소하지 마세요

나는 북쪽에서 살았고 남쪽으로 전향 중입니다
내가 산 겨울과 내가 갈망한 꽃과 내가 만난 꽃은 그리지 않으셨네요
추위에 떨고 있는 여자에 이어 따사로운 햇살이
여자의 세포 속으로 스미는 걸 못 보셨군요
쿠르베씨는 눈이 감긴 곳이 많은 거울입니다
당신이 고인인 건 알지만 당신 거울을 깨트려야겠습니다

이제야 숨이 쉬어지네요
당신의 거울이 깨어지니 20살의 나는 20살 하고 하루를 건넜

습니다
쿠르베씨 화폭이 작았다고 말하지 마세요
당신의 수천 개의 눈 중에 몇 개만 뜨고 계신 걸 모르셨군요
당신의 감긴 눈만큼이나 당신의 화폭은 여백이 많았고
나는 참 다양하답니다

*쿠르베. 19세기 사실주의 화가

계간 『시와 반시』 2014년 여름호

박춘석
2002년 《시안》을 통해 등단. 시집으로 『나는 누구십니까?』(시안, 2012) 등이 있음.

미문

박해람

숨을 들이마시면 뼈가 부푼다.

부푼 뼈로 흉사의 상두꾼을 했고 상민이 되었다. 의례성원들과 내장 없는 돼지들이 장례식장 간이식탁 위를 뛰어다닌다. 내장들이란 윤희의 선택품목이다. 말라버린 곤충의 자세로 서있는 나무 밑에서 돼지들은 지층을 갖고 있는 미문이다.

술잔마다 차양맛이 났다.

폐정 근처를 지나가는 신발들, 몇 페이지를 읽다가 버린 책 같은 장례식은 언젠가 접은 페이지만 발견되겠지만 문맹의 손끝에서 불이 피어오르렸지. 비파육은 몇 십 년 전에 죽은 이의 경황 없는 입맛.

시차마다 새를 먹여놓고
이야기 없는 마을이 쉬쉬거리며 귀를 막는다.

차오른 배엔 성별 없는 등성이를 넘어가는 어제 같기도 하고 오늘 같기도 한 직설의 울음이 태중을 바꾼다.

뜨겁고 하얀 동그라미들만 구를 뿐인 마을엔 미명이 죽고 추하다.

계간 『다층』 2015년 가을호

 **박해람**
1968년 강원도 강릉에서 출생. 시집으로 『낡은 침대의 배후가 되어가는 사내』
(랜덤하우스중앙, 2006) 등이 있음.

거기, 살아있으라

박현웅

1

아, 그날 밤,
공중에서 울려 퍼지던 은빛 노래여
어둠을 파내면서 제 몸을 새기던 춤이여
맑은 물빛의 네 커다란 눈은
한 세계의 벽을 견고하게 무너뜨리는
놀라운 황홀, 봐라,
이미 떠난 시선들이 무거워 축축 늘어지는
상념의 가지를 하나씩 들고
멀리서부터 다시 네게로
돌아오고 있다

아, 뚝뚝 떨어지면서도 멈출 수 없었던
미친 듯이 부르는 수형水刑의 노래여!

2

깊은 밤 아이 우는 소리를 들었던가
내 속의 어린 울음과 어른인 육체가 부딪힌다
맞물리지 않아 일그러지는 얼굴 표정이
심하게 떨리고 있다, 하나의 가죽을 뒤집어쓰고
서로 틀리면서 서로 사라지지 않고 있다는 것은
얼마나 건강한 일인가

이해할 수 없는 방언으로 아이가 몸을 뒤척일 때마다
나는 좀 더 추악해지지 않으려고 괴로워했다 그러나
우리들 후회는 이미 충분하게 아름답다

나는 지금의 반대편에 있고 싶었다
여기는 저편에 잠든 누군가의 꿈을 살고 있는지도 몰라
꿈은 부재 속에 잔인한 싹을 틔우는 욕망
끊임없이 더듬거리며 추락하는 삶이 이어질 때 나는
깨어나지 못하는 꿈속에 갇혀있다는
섬뜩한 생각이 든다
그런 생생한 날에는 가족들의 환한 얼굴이 낯설게 보이고
원래 세상의 사람이 아닌 듯 잠시만 존재하다
사라질 것 같은 저편 어느 아이의
고단하고 얇은 잠을 떠올린다
잔뜩 웅크린 채 의식 없이 떨고 있는 아이의 꿈은
반대편 삶으로 보내는
증오의 주술일지도 모른다고 나는 느낀다

굶주림으로부터 버림받은 도시의 밤은 지금
환락의 자물쇠로 굳게 잠겨있다
유약한 맥박으로 거리를 떠돌다가 얼빠진 듯
멀거니 내 꿈을 응시하는 아이야
너의 커다란 안구는
가장 통증이 깊은 내 환부였구나
지금 우리는 서로에게 완전히 실패한 사람들
존재하지 않을 수 없음 또한 너와 내가 한몸에 갇힌 비극이니
아이야, 용감하게 살아있으라―
악몽이든 길몽이든 꿈을 마주보면서

3

살아있으라! 아이야,
함께 가자, 너를 부르면
하얗게 부서지는 수줍은 웃음이 놀랍도록 비밀스럽다

웹진 『시인광장』 2015년 10월호

박현웅
1965년 충북 충주에서 출생. 2011년 《중앙신인문학상》을 통해 등단.

시인의 제국

배익화

시인은 감각의 제국을 가졌다.
시인은 망상의 제국을 가졌다.
시인은 분열증의 제국을 가졌다.
시인은 마침내 제국의 통치자로 인정되어 종합병원 폐쇄병동에 수감되었다.
종합병원 폐쇄병동은 제국의 통치자를 통치하는 제국이었다.
통치자를 통치하는 병원의 알약은 제국의 감각을, 망상을, 분열증을 다스렸다.
마침내 시인이 퇴원하는 날,
친구도 떠나고 사랑도 떠나갔다.
스승도 떠나고 이웃집 다정한 눈빛도 떠나갔다.
아니 세상의 모든 관심과 배려가 떠나갔다.
시인의 유일한 벗은 배고픔과 감각과 망상과 분열증만 남아 서러운 지상과 천국을 논하는 것이었다.

아무도 시인과 같이 밥을 먹으려고 하지 않았다.
시인은 언제나 혼자서 식탁에 앉아 밥을 먹는 것이 익숙해졌다.
시인은 감각과 망상과 분열증과 함께 밥을 먹으면서 생각한다.
광할한 초원위에서 말을 달릴까.
검푸른 바다위에서 말을 달릴까.
아니면 구름 위에 왕국을 짓고 사막의 전차를 몰고 다닐까.
시인은 생각했다.
세상에 배고픔과 사랑, 전쟁과 탐욕이 없다면
세상사는 맛이 날까.

아니 세상을 사는 재미가 있을까.

시인은
제국의 통치자 답게 나지막하게 중얼거렸다.
세상이 너를 버렸다고 생각하지마라. 세상은 너를 한번도 가진 적이 없으니,
한번은 희극처럼, 또 한번은 비극처럼
시인은 감각을, 망상을, 분열증을 사랑했다.
무엇보다도 그 어느곳이라도 망상하고 갈 수 있는 시인의 제국을 사랑했다.
시인은 어린아이같이 악동처럼 중얼거렸다.
너희가 나같이 망상하지 아니하면 결단코 천국의 문을 두드릴 수 없으니,*
시인은 마지막으로
제국의 통치자 답게 근엄하게 중얼거렸다.
한번은 희극처럼, 또 한번은 비극처럼
제국이 너를 버렸다고 생각하지마라. 제국은 너를 한번도 가진 적이 없으니,

* 마태복음18:1-4 를 변용

웹진 『시인광장』 2016년 1월호

배익화
2016년 제5회 웹진 《시인광장》을 통해 등단.

버터플라이 니들

봉윤숙

세상의 날개들엔 접을 수 없는 통증이 있다
나비를 보는 마음, 통증이 떠오른다
바람에 흔들리던 무통의 날은 갔다
살갗을 뚫는 나비의 주둥이에 빨갛게 차오르는 피
날개에 부딪치는 바람의 종류가 다르듯
꽃에 앉아있는 날개 또한 모두 다르다

사람의 몸에 염증의 한때가 들어 파리하다
모여들어 화끈거리는,
꽃핀 곳마다 염증이 붉다

나비는 항생제의 효능으로 살아왔다
혈액을 이용해 시간을 헤아리는 뿔 달린 애벌레부터
날개로 쉿 소리를 내는 공작나비에 이르기까지
병실 침대 옆에 긴 주둥이를 늘어뜨리고 있는
버터플라이 니들
피에 집착하기도 한다
지혈 되지 않는 사계절
열이 펄펄 끓어 넘치면 여름
고드름 끝에서 떨어지는 링거액이
겨울이 똑똑 떨어진다

링거액의 효과로 살다가는 일회용 나비
나비는 링거병과 혈관 사이에서 난다

계절과 계절 사이에 투명한 줄이다
알콜솜에는 날개의 분비물이 잔뜩 묻어있다

나비의 잠이 쌔근쌔근 지혈된다
누군가 날개를 다 사용하고 남겨놓은 붕대가
상처의 행보를 겹눈으로 바라보는 무영등 아래
날개가 끊어진 나비들이 폐기물에 담겨지고 있다

월간 『유심』 2015년 8월호

봉윤숙
2014년 《농민신문》 신춘문예 당선. 2015년 《강원일보》 신춘문예 당선.

손진은손현숙송종규
신영배신철규심은섭
여성민오태환윤의섭
위선환손진은손현숙
송종규신영배신철규
심은섭여성민오태환
윤의섭위선환손진은
손현숙송종규신영배
신철규심은섭여성민
오태환윤의섭위선환

손진은 손현숙 송종규
신영배 신철규 심은섭
여성민 오태환
우의섭 위선환

051
⋮
060

손진은 손현숙
송종규 신영배
신철규 심은섭
여성민 오태환
우의섭 위선환 손진은
손현숙 송종규 신영배

점박이 꽃

손진은

발을 헛디뎠을까
차가 향기의 벼락 속으로 뛰어든 걸까
지품에서 진보로 넘어가는 국도변에
만삭의 노루가 앉은 듯 누워 있다

금방 어린것이 나올 듯한 황갈색 배를 꿈틀거리며
기품 있는 목은 든 채
하트 모양의 발굽 향기를 찍으며

저 순한 어미는 알까
곧 어룽이는 빛살 속에 찬 기운이 섞이고
화사한 생을 거두어갈 것을
가장 먼저 알아볼 개미가 몰려들 것을
쿡쿡 독수리가 발톱으로 찔러볼 것을

귓불 도톰한 상수리 잎도 읽지 못하는
아직 구름이 놀고 있는 가랑가랑한 눈의 호수
아지랑이의 현기증 일으키는 젖은 코
저 일렁이는 꽃시간

아무것도 모르고 까치는 날아와
발끝에 향기 찍어 상수리나무 어깨로 날아간다
건듯거리는 바람이 왜 그래, 어깰 툭툭 치며
부신 햇살에 타는 털을 오래 만진다

저 빤히 쳐다보는 눈동자가 사라질 거라곤
곧 이곳을 방문할 죽음의 그림자도 생각 못할 것이다

생의 아른한 둘레가 한 획 쉼표로 편안해질
한 마리 순한 짐승이 만드는 눈의 경전 앞에
내가 지은 경계가 사정없이 무너진다

이제 곧 길 가던 농부가 저 꽃향기를 수습해갈 것이지만
저 곳의 햇살은 노루가 떴던 눈을 감는 속도로 저물어갈 것이다
둘레도 풍경도 될 수 없는 난
조각구름만도 못한 안부를 던져놓고 갈 뿐

격월간 『시사사』 2014년 1~2월호

손진은
1959년 경북 안강 노당에서 출생. 1987년 《동아일보》 신춘문예에 〈돌〉이 당선되어 등단. 저서로는 시집으로 『두 힘이 숲을 설레게 한다』(민음사, 1992)와 그밖의 저서로 『현대시의 미적 인식과 형상화 방식 연구』 등이 있음.

목련은 흰피 동물이다

손현숙

악마의 마을에서 방금 도망쳐 나온 흰피 동물이다
웃지도 울지도 않았다 때로는 달빛으로 양식을 대신하며
그는 마당 안쪽을 시퍼렇게 물들였다

그가 잠들었던 북쪽 방에는 볕도 들지 않았다
밤에도 흰 그늘이 소복했다
침묵이 어둠으로 가라앉던
그곳에 가끔씩 소리가 찾아오곤 했는데
태엽만 감아주면 빙글빙글 돌아가는 오르골 인형이
소문을 끌고 골목 안을 쓸고 다녔다

제 스스로가 부적이 되어 액막이처럼
지나가는 바람에도 몸을 비틀던
그는 모질게 주위를 물리쳤던 상처족
햇살이 솜털로 가느다랗게 일어서는 오후
등짐 하나 달랑 매고 우리 집 대문을 밀고 들어섰던가

뱃속에 아기를 품었던 거다
욕망을 하면 쇼크가 오는 슬픈 짐승
한사코 북쪽으로만 꽃망울을 맺었다
헛기침처럼 오는 발자국에 꽃 모가지 떨구면서
빈 가지 움켜쥔 손 혼자서도 떨었다

그것은 소리의 향을 밟고 오는 통증

내장 환하게 흰 피로 가득 채운 넓고 하얀 꽃이파리
유빙처럼 흘러왔다 떠나버렸던 봄밤,
길목 어디쯤에서 한번은
만났던 것 같기도 하고 아닌 것 같기도 한

웹진 『시인광장』 2016년 2월호

손현숙

서울에서 출생. 1999년 《현대시학》으로 등단. 저서로는 시집으로 『너를 훔친다』(문학사상사, 2002) 등과 사진산문집 『시인박물관』(현암사, 2005) 등이 있음. '국풍' 사진공모 수상, 토지문학상 수상. 2002년과 2005년 문화예술위원회 진흥기금, 2010년 서울문화재단 기금 수혜.

죽은 새를 위한 메모

송종규

 당신이 내게 오는 방법과 내가 당신에게 가는 방법은
 한 번도 일치한 적이 없다
 그러므로 나는 어떤 전언 때문이 아니라, 하나의 문장이 꽃봉
오리처럼 터지거나
 익은 사과처럼 툭 떨어질 때
 비로소 당신이 당도한 걸 알아차린다
 당신에게 가기 위해 나는 구름과 바람의 높이에 닿고자 했지만
 당신은 언제나 내 노래보다 높은 곳에 있고
 내가 도달할 수 없는 낯선 목록에 편입되어 있다
 애초에 노래의 형식으로 당신에게 가고자 했던 건 내 생애 최
대의 실수였다
 이를테면, 일종의 꿈이나 허구의 형식으로 당신은 존재 한다

 모든 결말은 결국 어디에든 도달 한다 자, 이제 내가 가까스로
당신이라는 결말에 닿았다면
 노래가 빠져나간 내 부리에 남은 것은 결국 침묵,

 나는 이미 너무 많은 말을 발설했고 당신은 아마
 먼 별에서 맨발로 뛰어내린 빛줄기였을 것이다

 오랜 단골처럼 수시로 내 몸에는
 햇빛과 바람과 오래된 노래가 넘나들고 있다

계간 『애지』 2016년 가을호

송종규
경북 안동에서 출생. 1989년 《심상》 신인상을 통해 등단. 『고요한 입술』(민음사, 1997) 등이 있음. 2017년 제10회 시인광장문학상 등을 수상

054

끌

신영배

나무 아래에서 마주쳤는데
지저분했고 사나웠고
사랑받지 못한 얼굴
개였고
소녀였고
사람들은 왔던 길로 돌아가며
자기 집 개를 끌었고
자기 집 소녀를 끌었고
나는 두려워하는 나의 개를 끌었고
두 짝의 그림자를 끌었고
끌
집 없는 소녀가 개를
집 없는 개가 소녀를
끌
가까이 가까이
한 송이
물송이가 벌어지다
끌
끌어안으며
주는 것도 받는 것도 아닌
벌어지며
끌
한 송이
물송이가 벌어지다

사랑은
문자의 얼굴이 흔들렸다
나는 나의 개를 들여다보았다
말과 세상이 다른
어둠 속에서
끌
한 송이
벌어진 방향으로
나는 나의 사나운 발을 끌다
상한 두 짝의 날개를 끌다

웹진 『시인광장』 2016년 7월호

신영배
2001년 계간 《포에지》로 등단. 시집으로 『기억이동장치』 등이 있음.

어둠의 진화

신철규

하루 종일 벽을 따라 걸었다
나는 모서리에 자주 부딪쳤고 그때마다 벽은 피를 흘렸다

꿈속에서 누군가 내 뒷덜미를 끄집어 올렸다
나는 물속에 머리를 처박고 있다가 가쁜 숨을 토해냈다
침대 위에 누워 꿈의 잔해들을 끌어모았다

잠결에 지른 비명들이 방 안을 가득 채우고 있다
동공은 온힘을 다해 빛을 끌어 모은다
철조망이 넓어진다고 해서 수용소가 천국이 되는 것은 아니다
나의 꿈 주변에 철조망이 둘러쳐져 있다

자해는 자위와 같은 것

깍지 낀 손을 명치에 대고
침대에 오래 누워 있으면 침대가 천천히 가라앉는다
지하로, 지구 반대편으로, 우주 저 끝으로
내 몸은 침대와 떨어져 둥둥 떠 있다
공기의 관棺 속에 갇혀 편안하게

잠수함 속의 토끼에 대해 생각한다
토끼가 숨을 거둘 때
해쓱해진 그 얼굴에 박힌 붉은 눈동자에 비친 것은
사람들의 안도였을까 불안이었을까
아주 긴 굴뚝이 있어서 이 도시의 매연을 빨대처럼 뽑아낸다면
이 답답함이 사라질까

어디선가 검은 연기가 피어오르고 사람들이 길바닥에 누워 있다
곧 청소차가 올 텐데
흐느끼는 피들을 다 씻어낼 텐데
다시 또 검은 아스팔트가 깔리고 모든 슬픔은 평평해지겠지

사이렌과 함께 소방차의 확성기에서 다급한 외침이 쏟아진다
긴급 상황입니다, 길을 터주세요
사람이 죽어가고 있습니다, 길을 터주세요
건물이 무너지고 있습니다, 길을 터주세요
집이 불타고 있습니다, 길을 터주세요

나는 피아노 건반처럼 누워 있습니다
누군가 나를 누르기만 기다리고 있습니다

검은 천장에서 흰 거미가 내려와 내게 말했다
이제 그만해, 이런다고 세상이 달라질 것 같아?

공중에서 새하얀 거미줄이 투망처럼 내려오고 있다
너무 선명해서 손에 잡힐 것 같다

지구의 모든 인간이
남반구와 북반구의 모든 인간이
한꺼번에 비명을 지른다면
우리는 모두 귀머거리가 되고 말 거야

위악은 위약(僞藥) 같은 것

유리창에 머리를 부딪히며 출구를 찾지 못하는 새여
우리가 매달릴 창문은 언제나 높은 곳에 있다
모든 창문은 위험하다
저 수많은 빗방울 중에 온전히 바닥에 떨어져 으깨어지는 것들

은 얼마나 될까?

  쏟아지기 직전에 사라진 눈물은 몸의 어디로 흩어지는가
  온몸의 물을 끌어 모아 샘이 되었던 마음은 어디에서 숨을 고
르고 있을까
  눈물은 얼굴의 굴곡을 기억한다

  나는 너무 큰 날개를 타고 난 새가 아닐까
  몸통보다 무거운 날개를 담요처럼 두르고 있는 것은 아닐까

  누군가 문을 두드리면 침대는 다시
  우주 저 끝에서, 지구 반대편에서, 지하에서 올라와
  내 몸을 받쳐준다

  최초의 집을 허물고 거기서 빠져 나왔듯
  우리는 또다시 울음의 집으로 걸어 들어가야 한다
  아무리 밟아도 죽지 않는 개미처럼
  이 어둠은 밟아도 밟아도 꺼지지 않는다

  검은 산의 능선을 뿌옇게 태우며 아침이 온다

월간 『현대문학』 2016년 7월호

신철규
1980년 경남 거창 고제 출생. 2011년 《조선일보》 신춘문예 당선으로 등단.

누드와 거울

심은섭

돌아누우면 새벽이다 배를 깔고 누웠던 밤 12시, 거울 앞에 선다 등 뒤엔 원죄를 묻어 놓은 에덴동산이 보인다 한 마리 뱀이 지나간다 파문이 몰려 올 것이다

누드는 캄캄한 내 안의 하얀 그림자다
누드는 링거액이 꽂힌 혈액종양외과의 6인 병실이다
누드는 목판으로 찍어낸 편종소리다
아니, 토마토 아래의 크리스털 접시다
누드는

양떼구름 맛이고 천사가 가득 채워진 일회용 손거울이고 딸들이 떠난 긴 골목이고 맨발로 걷는 비누다 알 수 없는 상형문자로 내리던 눈이고 내 손을 빠져나간 히피족이고 아니, 거울에 갇힌 섣달 오후의 햇살 맛이다

누드는 눈썹과 발등 사이에서 정지된 유쾌한 눈물이다
누드는 허무의 원을 그리는 프로펠러다
누드는 브루카 속에 무수히 떠있는 여인의 푸른 눈이다
아니, 12월과 1월 사이의 13월이다
누드는

죄목판자 목에 건 수녀의 고단한 미소와 저음에서 저음으로 걸으며 암스테르담 홍등가로 떠난 입양아의 눈물이다

월간 『모던포엠』 2015년 5월호

심은섭
2004년 《심상》으로 등단. 2006년 《경인일보》 신춘문예 당선. 2008년 《시와 세계》 문학평론 당선. 시집으로 『K 과장이 노량진으로 간 까닭』(문학의전당, 2009)이 있음. 2006년 제1회 5.18 문학상 등을 수상.

시간

여성민

내 손을 구름에 넣은 적 있어 손등을 지나 손목까지

커다란 시계로 덮고 다닌 적 있어
거즈처럼

지금은 시계를 풀었어 하얀

거즈 자국이 손목에 남는다 시계를 푼 손목은 고무나 젤리 같이 느껴지기도 해 고무나

젤리를 먹는 맛은 수축과 이완

미운 애인처럼
젤리는 이빨 사이에 끼고

이 세상은 젤리를 씹는 힘으로 가득하네 치아 사이에서 젤리를 빼낼 때 우리는 잠깐 거즈를 떼는 느낌 엄마 몰래

타인의 질에서 태어나는 느낌

나는 언젠가 고무나 당나귀가 될 거야 담배를 배우고 비에 젖을 거야 이완 같은 거 이왕이면 화분을 깨고

국화를 나의 질에서 꺼낼 거야

수축 같은 거

　이런 슬픔이 모두 새롭니 내가 정리해 줄게 언젠가 나는 당나 귀가 될 거야 젤리처럼
　손목이나

　국화를 씹을 거야

　뱉어 놓고 거즈라고 우길 거야 아픈 손목을 만질 때 우리는 잠깐 시계를 차는 느낌 손목을 지나 손등까지

　거즈를 덮는 느낌

계간 『문예바다』 2016년 여름호

여성민

충남 서천에서 출생. 2010년 《세계의 문학》 신인상에 소설이 당선되어 등단. 2012년 《서울신문》 신춘문예 시 당선. 저서로는 시집으로 『에로틱한 찰리』(문학동네, 2015)와 구약 내러티브를 해석한 책 『돋보기로 보는 룻기』 등이 있음.

바다, 내 언어들의 희망 또는 그 고통스러운 조건 · 6
– 점경들

오태환

여름
蓮밭의 오후 개들이 지네끼리 서로 밝게 핥아주고 있다 綠靑의 깊은 잎사귀에 포갠 개가 뒷다리를 들어 올리면 줄거리에 무쇠 저울추같이 매달 린 개가 밝게 사타구니를 핥아주고 진흙뿌리 틈에 볕뉘처럼 스민 개가 갈기를 털면 蓮꽃 난간 아래 잠든 개가 밝게 연분홍 똥구멍을 핥아준다 두레박을 기울이듯, 양달을 따라 가슴들을 기울이며 느린 윗입술과 굵은 발바닥을 번갈아 핥아주는, 저 슬프고 간절한 개들의 참을 수 없이 밝은 혀 개들의 전생까지, 샅샅이 비치도록 밝은 적막

가을
잎 새를 죄다 버린 나무들과 나무들이 능선에서 실뜨기하듯 늦췄다가 당기고 당겼다가 늦추는, 그 섬세하고 투명한 간격을 바라볼 때면 나는, 내 가장 춥고 오래된 죽음까지 들키고 만다

겨울
바람이 분다 해변의 피아노

봄
나는 마당에 피는 꽃들을 목격하며 생각했다 꽃이 피는 것은 분명히 지금 벌어지는 사건이지만, 동시에 아직 벌어지지 않은 사건이며 금세 벌어질 사건이다 이미 벌어진 사건이기도 하고 이

전에 벌어진 적이 없는 사건이기도 하다 꽃이 피는 것은 또, 아주 오래전부터 여태까지 연쇄적으로 벌어지고 있는 사건일 수도 있다 그러니까 앞으로 결코 벌어질 리 없는 사건이란 점은 부정하기 어렵다

또 봄
영원히 입증할 수 없는 꽃들의 흉흉한 알리바이

계간 『신생』 2015년 여름호

오태환
1960년 서울에서 출생. 1984년 《조선일보》와 《한국일보》 신춘문예로 등단. 시집으로 『북한산』(청하, 1986) 등이 있음.

느낌

윤의섭

어렴풋한 것만큼 분명한 것은 없다
도저히 빠져나가기 힘든 상태에 놓였을 때 별과 같은 침묵이 찾아왔다
동경표준시는 늘 생체시보다 빨랐으므로 결단은 이루어지지 않은 예언일지라도

두려워지는 중이다

기억은 쌓이는 것이 아니라 자라는 것이어서 지워도 지워지지 않아

목덜미에 찰싹 달라붙은 불길
파국의 노래를 담은 경전을 암송하는 바람의 혀
유리창의 장면은 늘 같은 꿈이었고
내일도 모레도 여기 앉아 있을 거라는 생각이 서서히 뚜렷해져 온 생시라면

둘 중 하나는 깨어 있었다

아릿한 심장의 맥박은 처용의 춤 살갗을 에는 바람은 에우리디케의 절망
어떤 느낌은 신의 영역에 속해 있다

종용 당하고

순간 소스라치고
살짝 동의라도 할 뻔한

영원에 갇힌 구름 그림자가 산등성이에 정박해 있다
마비도 풀리기 전엔 느낄 수 있는 모든 감각이다

편도에 들어선 어느 날

계간 『시산맥』 2015년 겨울호

윤의섭

1968년 경기도 시흥에서 출생. 1992년 《경인일보》 신춘문예와 1994년 《문학과 사회》로 등단. 시집으로 『말괄량이 삐삐의 죽음』(문학과지성사, 1996) 등이 있음.

묻다

위선환

  새들이 집중하는 하늘을,
  햇살의 경사를 빠른 걸음으로 걸어 오른 새를, 빛의 꼭대기에 이르러서 빛무리 속으로 날아오른
  새의 높이를, 높은 구름의 아래를 지나는
  잦은 날갯짓을,
  날개깃에 구름이 스치는 디테일을,

  묻다

  땅거미가 그을던 그해의 늦은 가을을, 치켜세운 손가락에 끄름이 묻던 무렵의
  기후를, 내가 바라보던 저 사람의
  어둔 등허리를, 저 사람이 바라보던 그 사람의
  검정 묻은 뒷모습을, 그 사람이 바라보던 지평 너머를, 거기로부터도 까맣게 먼
  오늘을,

  묻다

  거기에 있지만 이름을 모르는 여럿을, 이름을 불렀으나 아직 오지 않은
  한 사람을, 내가 나를 만지는
  나를,

묻다

뒤통수를 비춘 빛이 두개골에 스미어서 환한, 앞이마가 밝은 잠시간을,

묻다

저무는 들녘에 내려앉는 새떼를, 저물녘의 아래에 고인 흐린 물빛을,
튀어 오른 물고기의
뱃비늘이 번뜩이는 짧은 묘사를, 그때에 손등을 때리는 물방울의
단단한 무게를,

월간 『유심』 2015년 9월호

위선환
1941년 전라남도 장흥에서 출생. 2001년 월간 《현대시》로 작품활동 시작. 시집으로 『나무들이 강을 건너갔다』(한국문연, 2001) 등이 있음.

우설이은규이재
여이채민이혜미
이규리이 령
이수명이여원
이영옥이윤설
이은규이재연
이채민이혜미
이규리이 령
이수명이여원이영
옥이윤설이은규이

061
⋮
070

일회용 봄

이규리

아물 때까지만 너의 이야기

일회용 밴드를 떼자 치사한 어제가 감쪽같이 사라졌다

이기적인 상처

자세가 좀 바뀌었지만
제 자리로 돌아온 셈이다
쓸쓸하단 말은 자유롭다는 말로 대신하기에 좋았다

흐,
고무풍선을 불 때도 뭐 우린 놓치는 걸 포함하니까

— 어디서 다시 만나더라도 네가 날 피하지 말았으면 좋겠어,

그 말은 밴드를 붙였다 떼는 일처럼 가볍게 들렸다
이기적인 밴드

그래도 나는 계속 피할 것이므로

밴드 이후는 비교적 조용했다
우린 불행을 더 잘 믿었고
돌이켜보면 할 말이 많았던 때가, 제일 슬펐던 때였다

몇 개의 그늘이 저물며 지나가고
어떤 경우라도 잘 피할 수 있을 것 같았다

진물로 꾸덕꾸덕해진 모서리가 몇 차례 피부를 그었던 기억도
피해 갔다

그때마다 밴드가 덮어주었으므로
너는 너를 보지 못했을 것이다

차창으로 온 4월의 눈발처럼
미움도 야위어 가는 날

죽었던 봄, 일회용 봄이 저기 또

웹진 『시인광장』 2016년 4월호

이규리
1955년 경북 문경에서 출생. 1994년 《현대시학》을 통해 등단. 시집으로 『앤디 워홀의 생각』(세계사, 2004) 등이 있음. 2015년 제6회 질마재문학상 수상

062

무늬와 무늬 사이가 멀다
― 자동차 접촉사고 처리를 하면서

이 령

 말의 무늬, 스타카토로 박히는 풍경, 내 심장은 크로스스티치, 지금 당신 목청은 라이트앵글스티치, 이 순간 배경은 죄다 아웃라인뱅글스티치라 하자 이 간극을 메우려면 뭐가 필요할까 지워야 할까 더 그려야 할까

   경고음 울리고
   갓길에 차를 세우고 연락처를 주고받는 사이
   우린 하나 무늬가 될 수 있을까
   시각과 시각의 간극이 도안에 옮겨질 때
   나 살고자하는 시간은 이미 지나버린 걸
   이 순간 한길뜨기로 마무리 한다면 훨씬 수월하겠는데
   당신 무늬를 내 의식의 도안에 옮겨보라니까
   우리 위장무늬를 그려 봐
   당신은 오늘 내게 가장 완벽한 무늬라니까
   무늬의 속성을 거슬러 우리 눈빛은
   드르륵 드르륵 바코드로 박히잖아
   시간의 흐름은 각진 것들도 궁글리겠지
   우린 서로의 무늬에 길들여질 수 있을지 몰라

 뱉은 말의 무늬는 가지런할 수 없잖아 현재와 과거의 끊임없는 대화* 어디쯤, 난 어떤 무늬를 직조하는 중일까 최단거리는 직선이 될 수 없다는 거, 공간을 접으면 겹쳐진 순간 하나 점이 된다

는 거, 가정은 필요치 않아 익숙한 자취만 남을 일, 그렇게 난 또 다른 당신의 무늬라니까

* E.H.카아의 〈역사란 무엇인가〉 저서에서 차용.

계간 『열린시학』 2014년 가을호

이 령
경북 경주에서 출생. 2013년 《시사사》 신인문학상을 통해 등단. 시in동인 사무국장, 동리목월문예창작대학 운영위원, 동리목월기념사업회 이사, 웹진 『시인광장』 편집장.

최근에 나는

이수명

　최근에 나는 최근 사람이다. 점점 더 최근이다. 최근에 플래카드를 들고 서 있는 사람들 앞을 지나갔다. 어디서 오는 길이지요 묻는 사람은 최근에 본 사람이고 펄럭이는 플래카드 텅 빈 플래카드에는 아무 것도 쓰여 있지 않았다. 나는 펄럭이는 깃발 아래 펄럭이는 그림자를 최근에 본 사람이고 그 펄럭이는 것이 신기하게도 구겨지지 않고 계속 펄럭이는 것을 바라보았다. 그리하여 나는 구겨지지 않는 사람들 앞을 지나가게 되었는데 혹은 구겨진 신체를 계속 펴는 사람들이었는지도 알 수는 없었는데 아무런 기분이 들지 않았다. 다만 펄럭이는 것이 아무 것도 쓰여 있지 않으려 펄럭이는 것이 가로지르고 있는 최근을 따라 걸어가는 것이었다. 수시로 아침이 오려 하는 거리를 신체를 펴고 걸어가는 것이었다. 최근은 편안한 것이었다. 수시로 최근의 사실들이 모여들었다. 조금 더 최근의 일이에요 말하는 사람을 거기서 나는 만날 수 있을 것이다.

2015년 『현대선시』 제4호

이수명
1965년 서울에서 출생. 1994년 《작가세계》 신인상을 통해 등단. 시집으로 『새로운 오독이 거리를 메웠다』 등이 있음. 2001년 박인환문학상 등을 수상.

064

꽃

이여원

관은 처음 흰색의 여백이지만
채색하고 마르기를 기다리면
시신 하나를 담고 꽤 오랫동안 버틴다
그 사이
꽃 그림을 그렸다
그림은 그림을 그렸고 그림자를 조절했다
꽃들은 향기를 주지 않았고 조용한 정물만 허락했다

죽은 사람은 부끄러움을 모르지만
관은 부끄러움을 아는 존재
꽃은 부끄림을 몰랐고 또 알았다
손가락으로 지목하면 누구나 당황하듯
내장을 보여준다는 건
살면서 가장 큰 용기다
잇몸을 드러내는 꽃에게는 나비가 피해간다
꽃 속의 과제, 기다란 관을 허락한다
을과 갑이 바뀐 질서 속에서
그러니까 사람은 전생이고
관은 후생이라고 믿는다면
나비는 죽고 꽃은 마른다

관의 어디까지가 나비 것이고 꽃의 일부인지
그림그리기가 쉽지 않다
채색으로 무지를 덮는다

어둠 속에서 한 마리 나비가 또 날아든다
가볍게 붓끝을 나비처럼 팔랑 그려봐,
가끔 물감이 말을 건다
북 대서양을 넘어 화란까지 나비들이 날아갔다
꽃이 완성되자 향기가 없혔다
며칠이 지나자 꽃잎이 떨어졌다

계간 『포엠포엠』 2015년 겨울호

이여원
진주에서 출생. 2012년 《매일신문》 신춘문예 시부문에 당선되어 등단.

단 하나의 물방울은

이영옥

혼자 물가에 앉았는데 잘못 온 우편물 생각이 났어요

검푸른 저녁이 입을 내밀고 물오리 떼 한 줄을 뱉었지요

누군가 던진 시간이 고요를 깨고 고요 속으로 내려갔어요

우리는 옳은 생각에서 출발했던 잘못이었지요

잘못을 향해 필사적으로 달려왔던 최선이었지요

반송함으로 떨어지는 소리는 누구의 벼랑인가요

물 위로 뛰어오른 물고기는 허공에 길을 낸 잘못으로

수만 개의 잘못을 나눠 가진 물방울로 사라졌어요

기다림에서 우리를 구해 준 것은 잘못 왔다는 확신입니다

아직 수면에 닿지 못한 단 하나의 물방울은

잘못인 줄 모르고 반짝인 죄로 별처럼 밤을 앓고

웹진 『시인광장』 2016년 6월호

이영옥
1960년 경북 경주에서 출생. 2005년 《동아일보》 신춘문예 시부문에 당선되어 등단. 시집으로 『사라진 입들』(천년의시작, 2007) 등이 있음. 2007년 한국문화 예술위원회 창작지원금과 2013년 아르코창작지원금 수혜.

나를 기다리며

이윤설

나를 기다리다 일생이 다 떠나버리고
하려던 복수도 떠나버리고
그토록 다르던 너희들과 함께 같은 침대에 누워
기다리던 사람이 오지 않는 것도 상관없는 또 알뜰히 지워지는 하룻잠을
당신에게 청하여 본다
심각한 얼굴은 마라 말도 말아라 꿈에서 걸려온 전화를 받는 심야에
돌아가지 않겠다고 말한 사람이 누구였는지
그래놓고도 울리는 벨소리가 핏줄처럼 질긴 건
못할 복수로나마 나를 청하는 걸 안다
나를 기다리다 너희들이 되고 너희들은 있지도 않은 나를 요청하여
누구로서도 풀지 못할 사나운 꿈자리가 되는 걸 안다
그래 알기를 원했던 건 오직 내가 올 것인가 와서 너희들과 더불어
지금 없는 나를 낳아주는 거였다
당신이 나를 놓아주는 거였다
물결이 주름을 떠밀어버리고
문설주에 기대 앉은 먼지에게 나를 입혀주는 것이었다
내가 와서, 하지 못한 일생 동안의 복수를
당신의 이름으로 사하여 주는 것이었다
와야 하는 것이다 그렇다 그렇다고 해야 하는 것이다
일생.

웹진 『시인광장』 2015년 8월호

이윤설
2006년 《조선일보》와 《세계일보》 신춘문예에 당선되어 등단.

말의 목을 끌어안고

이은규

모든 고백은 선언이다

나는 안장에 앉아 고삐를 쥔 자가 아니어라
가차 없이 채찍을 휘두르는 자도 아니어라
노래는 말이 아니어라

마부의 채찍질에도 꼼짝하지 않는
말의 목을 끌어안고 흐느꼈다는 한 사람
세상이 수근거린다 지혜를 사랑하다니, 미치광이

그가 오래 흐느낀 이유는
동물의 말을 알아들어서가 아니다
세상의 말에 귀가 부끄러웠기 때문이다

책상에 앉아 펜을 쥔 자가 아니어라, 나는
향기로운 문장을 휘두르는 자도 아니어라
말은 노래가 아니어라

나는 누군가 늦췄다 당겼다하는 고삐에
가다 서다를 반복하는, 어리석은 발자국
누군가 함부로 휘두르는 채찍에
고개 숙여 히잉— 먼 소리를 내는 목울대

가진 자와 가지지 못한 자

그러나 나는 이 은유를 끝까지 밀고 나가야 한다
고삐를 움켜쥔 손아귀의 힘을 상상하며
채찍을 다루는 손목의 습관을 증오하며

말보다는 노래에 노래보다는 말에
그보다 행간 사이를 서성이는 동안
초록이 진다한들, 온다한들 한 점 꽃이
그러나 나는 이 은유를 끝까지 밀고 나갈 것이다

오래 미치광이라 불리는 사람과 같이
가까스로 초록을 지키는 식물과 같이

월간 『현대시학』 2015년 8월호

이은규
1978년 서울에서 출생. 2006년 《국제신문》 신춘문예 시부문에 당선되어 등단. 2008년 《동아일보》 시부문에 당선. 시집으로 『다정한 호칭』(문학동네, 2012)이 있음.

카론의 배

이재연

1
어젯밤
내 것이라고 할 수 없는 그림자가
늘어뜨린 흰 레이스처럼 나에게 다녀갔다
창문과 창문 가운데에서 움직이지 않는
우리의 테이블 우리의 접시
접시 위에 놓인 과자
우리는 멀고도 가까웠다
간절히 바라보면
천천히 나타났다
사라지는 생의 흔적
누군가 있다면
누군가 살아 있다면
나와 다르다고 생각한 적이 없는 방향으로
조금 더 가까이 오기를 기다리고 있다
그것이 다른 무엇을 허락하지 않는 유령일지라도
아홉 번이나 나타나는 봄일지라도
마루 밑에 쌓이는 먼지와 거미줄일지라도
아무도 다 알 수 없다고 생각하는
나의 오두막 가까이에서
계절의 방식대로
뽕나무 잎들이 흔들린다
내가 궁금한 것은 흔들리지 않는
연인의 창백한 표정이다

한숨은 어디로 흩어졌다
눈물은 어디 있소* 나무껍질처럼
주름진 내 손은 어디 있소

살찐 귀를 즐겁게 할 수 없는
나의 손가락을 심장 속에 묻고
오랫동안 쳐다보지 않는
이곳의 꽃씨에게 바람이 불고
아이들을 바라보듯 바람이 울고
바람이 흩어버린 좌표를 찾다가
당신을 만지고 말았다

비올라 다 감바 말고는 만질게 없어
죽은 아내를 만지고 말았다

2
갈망과 무심
늙어버린 침묵
무엇을 원하는지 잊어버린 것 같은 순간들
당신이 종종 어둠이 되어 앉아 있는 이곳에
회환 말고는 남아있는 것이 없다
때때로 나와 다른 모든 것이
나를 거칠게 하지만
궁극이 아닌 것으로는
이루어질 수 없는 일생,
악보만 남는다
악보를 찢는다
비로소 내 심장 속에
파묻은 손가락을 꺼낸다
활을 켠다

눈물을 흘린다
카론의 배가 사라진다

* 파스칼 키냐르의 『세상의 모든 아침』 중에서

계간 『포엠포엠』 2015년 가을호

이재연
전남 장흥 출생. 2005년 《전남일보》 신춘문예 시부문 당선. 2012년 제1회 오장환 신인문학상 당선.

나팔꽃보다 빠르게 담장을 기어오르는 두 마리 달팽이

이채민

위험한 게임이었어.
나선의 등딱지에 서로의 엉킨 말과 더듬이를 구겨 넣고
꽃이 피는 것을 보지 못했으니까.
여름의 늑골 밑에서 아직 자라지 못한 몇 개의 씨앗들이
근심으로 높아진 담장을 껴안고 있다는 것을
아슬한 꼭대기에서 알게 되었어. 그리고
헝클어진 마음으론 가 닿을 수 없는
청춘 같은 푸른 하늘이 바로 머리위에 있다는 것도
간밤의 모진 태풍에도
꽃잎들이 담벼락을 지키고 있었다는 것도
하나가 아닌 두 개의 촉으로 알게 되었어.
창문이 덜컹거리는 짱짱한 바람은 또 불겠지만
사랑도 이별만큼 두렵고 아프다는 것, 잊지 않겠어

계간 『열린시학』 2015년 가을호

이채민
2004년 《미네르바》로 등단. 시집으로 『동백을 뒤적이다』 등이 있음. 미네르바 작품상 외 수상.

잠든 물

이혜미

많은 비가 내려
얼굴들이 곳곳에서 깨어졌다

빗방울의 마음은 기체의 완성

우리는 마주본다
노를 저어
배를 나아가게 하는 표정으로

검은 꽃들이 물 밑에 누워 있다
얼크러진 물속을 들여다보며
나는 얕아진다

모르는 깊이 속에서
잎사귀를 펼쳐올리는
꽃의 외연
찢겨진 옷자락을 이끌며 걷는
무른 발자국

여름의 통로를 지나
물이 눕고
가장자리를 버릴 때

우리는 으깨지는 중인

입 속의 말들을 바라본다

녹아내리는 것은 감정의 완성

컵을 들자 발밑으로
표정이 쏟아져내렸다

좋은 위로에는 없는 관심이 필요한가요

붉음이 묽음이 되어가는 순간 묽음이 묵음이 되어가는 순간 모든 것이
하나의 물음으로 희박해져가는 시간

그림자 없는 잎사귀들이 솟아오르면
온몸이 부풀어 진물 흘리는
영혼의 젖은 코트

몸속에서 숨은 길들을 끌어올리는
수면의 완성

계간 『창작과 비평』 2014년 겨울호

이혜미
1987년 경기도 안양에서 출생. 2006년 《중앙신인문학상》 시부문에 당선되어 등단. 시집으로 『보라의 바깥』(창비, 2011) 등이 있음. 2009년 서울문화재단 문예창작기금 수혜.

이효림장인수정계원
정다인정 선정숙자
정원숙정지우조말선
조연호이효림장인수
정계원정다인정 선
정숙자정은숙정지우
조말선조연호이효림
장인수정계원정다인
정 선정숙자정원숙
정지우조말선조연호

이효림 장인수 정계원
정다인 정   선
정숙자 정원숙
정지우 조말선
조연호 이효림
장인수 정계원
정다인 정   선
정숙자 정원숙
정지우 조말선 조연호
이효림 장인수 정계원

071
⋮
080

근대 사진전

이효림

근대가 근사하게 벽에 붙었습니다

버스는 노선보다 통통한 건물을 씹으며 갑니다

페트병과 싸우던 고양이는 떠나고 총에 맞은 주스는 노랗게 말라붙어 떨고 있습니다 거리에 떨어진 몇 개의 단어로는 과거의 사건을 다 말할 수 없습니다 역사를 목격한 고양이의 시력은 매우 불량했으며 발자국들은 모두 벙어리의 후예들 이었습니다 감정을 억누르지 못하는 낙엽만 벌겋게 휘청 거립니다 뉴스들은 참으로 침착하게 어제를 넘깁니다 우리의 주장은 매일 상에 오르는 맹물처럼 느물거립니다 배고픈 아이의 딱딱한 울음이 올해의 사진전에 걸렸습니다 마른 김처럼 펄럭거립니다

오십년의 혁명은 아직도 우울하게 이어지고
화려한 간판 뒤에
덜 자란 소녀가 가출을 가지고 놉니다
때마침 뉴욕으로 가는 비행기를 탄다면

걸어도 걸어도 소녀의 근대는 남았습니다

계간 「시와 정신」 2014년 봄호

이효림
경남 밀양에서 출생. 2007년 ≪시와 반시≫에 〈벽걸이용 바다〉 외 4편의 시로 등단. 시집으로 「명랑한 소풍」이 있음.

072

침실이라는 우주여행

장인수

아내와
침실에 누워있으면
어느 날은
몸도 영혼도 아닌
우주의 다른 에너지가
둘 사이에 흐른다
아내의 몸에는
문도 없고
출렁임도 없는
암흑물질
부부로 만나서
몇 시간 전
닭도리탕을 함께 먹고
뜨거운 커피를 앞에 두고
고독의 혀를 적시고
영혼의 입술에 닿았던 사이
입술을 연다
부부가 아닌 생명체로 만나고
어느 때는
모래알로 서로를 부비거나
지구와 달의 관계처럼
인력이 존재하고
끌어당기지만

운행의 궤도를 벗어나지 않는 사이
어느 때는
손길로
꿈결로
서로의 내부를 들여다보지만
밤은 쓸쓸히 깊어만 가다가
서로의 가슴을 찾는다
한 몸처럼 가깝다가
어느 날은
남남처럼 멀다
사랑 없이도 살 수 있다는
실존은 본질에 앞선다
몸의 고유 영역은
먼 우주를 향한 이끌림
밤의 탐닉
불끈 솟아오른
성기는
긴 꼬리의 혜성
우주여행을 떠나는
너와 나

웹진 『시인광장』 2015년 10월호

장인수
1968년 충북 진천에서 출생. 2003년 계간 《시인세계》를 통해 등단. 시집으로
『유리창』(문학세계사, 2006) 등이 있음.

샤갈 * 연가

정계원

너는 믿지 않겠지, 하얀 보름달을 만지려고 컴컴한 어둠을 후벼 파는 것을, 우주에 떠 있는 죽음이 너를 바라보는 것도

알라스카에서 수취인 불명으로 돌아온 별들, 그것으로 만들어진 영혼의 덩어리를 술잔에 부딪치며 너의 생각에, 난 담배연기에 잠길 거야

너는 믿지 않겠지, 이마에 주름진 시간들이 마음을 비운 통기타 속으로, 그리고 밤하늘에 둥근 유골 단지처럼 떠 있어

어둠이 두꺼워진 하늘, 유골단지에 부딪혀 눈동자 속으로 산산이 쏟아져 내려, 서늘한 얼굴에 샤넬파우더로 주름살을 펴주고 싶어 그때 비로소 영혼이 목관 속으로 향할 거야

내 머리카락이 죄다 빠지는 날, 새벽을 만나도 너의 흰 머리카락이 길게 자라지 않아서 그럴 때면 죽음이 몸에 달라붙어, 울음소리를 조율할 때 망치로 원고지를 내려칠 거야

눈 내리는 샤갈 마을의 지붕을 밟으며 현이 끊어진 바이올린 활처럼 두 팔을 휘젓고 달의 뒤편으로 걸어 가는 너를 볼 거야

눈 내리는 날 액자 바깥으로 넌 사라지고 그 액자 속으로 무덤이 들어올거야 그리고 나는, 아무것도 아닌 나는, 너를 닮아갈 이름표가 없는 유성이 될 거야

* 러시아 화가

계간 『시산맥』 2015년 여름호

정계원
2007년 《시와 세계》를 통해 등단.

국지성 폭설
— 노숙

정다인

　휘갈겨 쓴 이 눈발은 누구의 서체입니까 웃자란 불빛과 건물들이 엉켜 치렁거립니다 나는 이미 멀리 와 버렸습니다

　너무 많은 것을 보아버린 새의 동공이 사그락 사그락 내려 쌓입니다 내 뒤로 늙은 나무의 가지가 툭툭 부러집니다 지지직거리는 실금들이 귓속으로 휘몰아칩니다 중심을 잃고 흔들리는 나는 누구의 이명입니까

　폭설 속으로 걸어가 스스로를 밀렵하는 겨울 산짐승의 허기가 나를 끌고 갑니다 비척거리며 주저앉는 절망이 나의 문맹입니다 아무 것도 나를 빠져나갈 수 없는 어둠입니다

　쏟아지는 것들의 영혼에 몸을 묻습니다 더운 미음처럼 끓다가 형체도 없이 사라지고 있습니다

　나의 껍질은 쓸쓸해서 구겨버린 폐지입니다 그 위에 하얗게 열린 새의 눈이 쌓이고 또 녹습니다 천천히 흘러내리는 공중입니다 서서히 물이 차는 잠입니다

　나는 너무 멀리 와 버렸습니다 나는 또 너무 멀리 와 버렸습니다

웹진 『시인광장』 2015년 7월호

정다인
2015년 《시사사》를 통해 등단.

고흐, 리듬 앤 블루스

정 선

그랬겠지
아마도 그랬을 거야
그럼에도 불구하고 절망은 죄악이잖나

출출하군
맨 먼저 자네를 찾아 모자를 벗고
노란 다알리아꽃을 바치는 게 마땅하나
빈속으로는 저 찬란한 밀밭 위 태양에게 질식당할 것만 같아
나 홀로 풀밭 위의 식사를 즐기려네
자네가 누워 있는 너머 유채밭에서 말이야
아침 일찍 퐁투아즈행 기차를 타고 생투앙 로몬을 지나
오베르 쉬르 와즈역 앞, 거기 모로코 카페가 있더군
난 카페오레 한 잔으로 자네 맞을 준비를 했다네
카페 아래 마을로 가다 보면
공원 앞마당에 자네가 흔들리며 서 있더군
해진 청동 옷에 캔버스와 화구를 크로스로 멘 채
이리저리 골목을 헤매었을,
광대뼈 불거진 고집도 이곳에선 태양에게 녹아 항복했을 터이고…
꽃 속에 환한 시청사
맞은편 자네의 한 평 다락방도 봄날엔 빛나는구먼
마을 뒤 오베르성당 앞에 잠시 멈추었지
그림이 성당인지 성당이 그림인지
오솔길 너머 불타고 있을 밀밭 생각에 몹시 흥분됐다네

며칠 전 아를에 들렀었지
자네도 떠나고
별빛 테라스도 문을 닫았더군
론강 둑에 앉아 로제와인을 마시고
저녁노을을 어르고 달래다 별밤을 뒤로했지
자네가 그토록 원하던
절대적인 휴식이 론강에 밤하늘에 넘쳐흘렀다네
내 식사는 바나나 한 개 크루아상 하나
그리고 와인 한 병
어때 근사하지 않나?
자, 먼저 한 잔 받으려는가

저기 황톳길을 고개 숙이며 걷다가
사거리에서 서성이는 밀짚모자 쓴 한 사내
등짝을 치면 버럭 화를 낼 것 같은 강파른 사내
화구를 덕지덕지 둘러메고 수레국화 남빛처럼 파리한 사내

이 황톳빛 사거리에서 길을 잃었으면 좋겠네
도리어, 잃어버렸던 길도
잃어버리려 애쓰는 길도 이곳에선 또렷이 살아나는구먼

여기 누워 햇살을 아껴 베어 먹고
모처럼 단잠에 든 자네를 보니
내 어깨가 한결 가벼워지는 거야
눈물이 흐르네
오해하진 말게
이건 구 개월 뒤 자네 곁에 누운 테오에게 바치는 눈물이라네
한걸음 좀 더 일찍 왔더라면
자네의 가난을 한 스푼이라도 덜어 줄 수 있었을까만

절망은 죄악이잖나
두 석관 위 송악이
끈끈하여 얽히고설킨, 내 위로를 대신하는구먼
속절없이 담벼락 아래 튤립 수선화는 왜 이리도 환한 것이냐

어쩌면 우리는 스스로 만든 올가미에 걸려
밀밭 위를 버둥거리는지도 몰라 어쩌면 우리는
밀밭에서 태어나서
밀밭에서 뒹굴다
밀밭에서 죽는지도…
내가 타히티를 목적으로 삼을 때
불행은 시작됐지
타히티는 열정이 도달하기도 전
앞서 타 버리는 곳
푸드덕
잿빛 새 한 마리 유채밭을 날고
자네가 토해 놓은 붉은 목적이 밀밭에 푸르게 출렁이는 듯하네
아직도 미처 도착하지 않은 편지를
자네가 사랑한 칠십 일을
다 읽어 내지 못하겠군
참, 닥터 가셰는 안녕하신지?

자네가 램프 아래 고단한 감자를 떠났듯
언제든 화구도 팽개치고
달랑 맨몸으로 오게나
와운마을에 둥둥 떠 있어도 좋고
만재도 몽돌과 뒹굴어도 좋고

목적 밖으로,

아마도 오늘은 라부여관에서 하룻밤 묵어 갈 걸세
자 받게나
남루 한잔 권커니 잣거니
자네의 정원에 다시는 검은 고양이가 지나가지 못하도록
사이프러스나무가 춤추도록…

월간 『시와 표현』 2016년 1월호

정 선
전남 함평에서 출생. 2006년 《작가세계》를 통해 등단. 저서로는 시집 『랭보는 오줌발이 짧았다』(천년의시작, 2010)와 에세이집 『내 몸 속에는 서랍이 달그락거린다』가 있음.

살아남은 니체들

정숙자

그들, 발자국은 뜨겁다
그들이 그런 발자국을 만든 게 아니라
그들에게 그런 불/길이 맡겨졌던 것이다

오른발이 타버리기 전
왼발을 내딛고
왼발 내딛는 사이
오른발을 식혀야 했다

그들에게 휴식이라곤 주어지지 않았다
누군가 도움이 될 수도 없었다
태어나기 이전에 벌써
그런 불/길이 채워졌기에!

삶이란 견딤일 뿐이었다. 게다가 그 목록은 자신이 택하거나 설정한 것도 아니었다. 다만 그럴 수밖에 없었으므로 왼발과 오른발에 (끊임없이) 달빛과 모래를 끼얹을 뿐이었다.

우기雨期에 조차 불/길은 지지 않았다. 혹자는 스스로, 혹자는 느긋이 죽음에 주검을 납부했다… 고, 머나먼… 묘비명을 읽는 자들이… 뒤늦은 꽃을 바치며… 대신… 울었다.

늘 생각해야 했고
생각에서 벗어나야 했던 그들

피해도, 피하려 해도, 어쩌지 못한 불꽃들
결코 퇴화될 수 없는 독백들
물결치는 산맥들

강물을 거스르는 서고書庫에서, 이제 막 광기狂氣에 진입한 니체들의 술잔 속에서… 마침내 도달해야 할… 불/길, 속에서… 달아나도, 달아나도 쫓아오는 세상 밖 숲속에서.

계간 『시인동네』 2016년 봄호

정숙자
1952년 전북 김제에서 출생. 1988년 《문학정신》을 통해 등단. 저서로는 시집으로 『감성채집기』 등과 산문집 『밝은음자리표』 등이 있음.

077

언어라는 육체

정원숙

나는 나를 모른다. 내 육체는 나를 모른다. 나는 물이 되고 싶다. 나는 언어가 되고 싶다. 내 육체가 백지 위를 흐른다. 내 정신이 백지 위를 흐른다. 흐르는 것들은 만날 수 없다. 막을 수 없다. 흐르는 것들은 과거를 생각하지 못한다. 그들에게 과거는 없다. 오로지 흐르는 육체, 흐르는 시간뿐이다. 당신이 수요일이라고 말할 때 나는 먼 별빛을 기웃거린다. 당신이 머리에 젤을 바를 때 나는 젤 상태로 헤헤거린다. 내가 물결이 될 수 있을까 너를 모르듯이 내 육체가 백지 위를 흐른다. 내 정신이 백지 위를 지그재그 흐른다. 누구도 막을 수 없는 이 육체의 물결. 누구도 풀 수 없는 이 정신의 올무. 옹알이를 할 때부터 혀로 익혔던 말들의 감각. 내가 세계에 내뱉은 첫 마디가 어제도 오늘도 백지 위를 흐른다. 네가 나를 모르듯이 나는 너를 모른다. 알 듯 말 듯 한 거울 속의 나, 뚱뚱하고 삐쩍 마르고 수척한 수많은 내가 고개를 갸우뚱거린다. 갸우뚱하면서 모든 것이 일시에 정지한다. 정지하는 것들은 앞을 보면서도 뒤만 생각한다. 이대로 바위가 될 순 없을까 너희들이 일요일의 소풍을 즐길 때 나는 안식일의 허공을 더듬는다. 딱딱한 너희들의 마음이 내 육체 위를 흐른다. 그것은 물이 아니다. 물을 가장한 돌멩이다. 죄를 지은 더러운 손으로 또 다른 죄인을 향해 던지는 교만의 돌멩이다. 누가 우리들의 죄를, 우리들의 사랑을 정죄할 수 있을까 흐르지 않는 자들은 백지를 사랑하지 않는다. 그러므로 흐르는 것들은 백지를 사랑한다. 백지가 하얗다고 말하는 자는 백지의 마음을 모르는 자. 검은 것을 흰 것이라고 우기는 자. 백지 위를 흘러내리는 것들이 죄를 만들고 십자가를 만들고 죽음을 만든다. 흐르는 육체 위에,

흐르는 정신 위에, 흐르는 백지 위에 써나가는 나의 언어는 순간과 영원을 함께 산다. 그러므로 나는 나를 알 수도 있다고 말할 수 있지 않을까 왜라고 묻는 자에게 왜 왜냐고 묻지 말자. 우리는 이유 없이 살아야 한다. 우리는 이유 없이 죽어야 한다. 네가 나를 용서하듯이 내가 나를 용서할 순 없을까 나를 용서하기 위하여 내 육체에 언어를 써나간다. 그러나 내 육체의 언어를 나는 읽을 수 없다. 내가 쓴 언어를 나는 이해할 수 없다. 나는 언어라는 육체를 살 뿐이다. 탄생을 기억할 수 없듯이 나의 언어는 나를 속속들이 알고 있을 것이다. 그러므로 나는 내 육체가 무겁다. 내 언어가 무섭다. 이 무거운 언어라는 육체가, 이 무서운 육체라는 언어가.

월간 『시와 표현』 2016년 2월호

정원숙
충남 금산에서 출생. 2004년 《현대시》를 통해 등단. 시집으로 『바람의 서(書)』(천년의시작, 2008)가 있음.

9와 4분의 3 승강장*

정지우

선풍기를 틀어놓고 외출했다 들어온 저녁, 그림 속 여자의 머리끝이 흩날리고 있었다.

아나운서는 지하철에 뛰어든 사람을 담담하게 보도하고 있었다. 목격만 있는 그 사람도 승강장을 찾고 있었는지 추락은 한 발자국 들어가 있었다. 들어간 만큼 뒤로 밀려나오는 핏자국이 다음 역으로 가는 제의처럼 집안을 가득 채워갈 때

열려있는 새를 운명으로 보는 날이 있을 것이다.

벽 속으로 들어간 것을 아무도 본 일이 없지만 흔적은 선先에 없고 반질반질한 혹은 조금 들어간 후後에 있다.

그는 다니던 학교에서 마법을 배우려고 했는지도 모른다. 불가능한 일을 가능하게 만드는 세계에서 벽을 밀고 또 밀면 자라나는 방들, 가능성의 빗자루를 타고 꽁지의 추진력을 얻으려 했는지도 모른다.

왜 기차의 첫머리를 향해 뛰어드는지 한 번도 선두를 유지해본 일이 없는, 어쩌면 너무 멀리 간 선두先頭를 만난 건 아닌지 앞서 간 사람의 뒤를 보고 있다가

열차가 지나가자 나는 움찔 뒤로 물러선다. 분명 몇 사람이 열고 들어간 적이 있는 혹, 하고 그림 밖으로 머리카락이 날리는

역을 지난다. 이동과 소멸의 구분은 후미後味에 있다는 듯이 선로의 맨 끝에 누워 있는 세상을 향해 바람이 분다.

* 해리포터에 나오는 런던의 킹스크로스역

계간 『시작』 2015년 가을호

정지우
1970년 전남 구례에서 출생. 2013년 《문화일보》 신춘문예 시부문에 당선되어 등단.

빈 방 있습니까

조말선

46개의 방이 있는 호텔에서
빈 방에 관한 세미나를 하네
46개의 방이 텅 빌 수 있는 확률은 단 한번,
수학이 이렇게 걱정 없다면 경제학이 되었을까
빈 방 있습니까, 예약을 할 때
있습니다, 고 말할 확률은 백프로
수학이 이렇게 명징하다면
문학에 흡수 되었을지도 몰라
더욱 중요한 것은 빈 방 있습니다와
빈 방 없습니다의 이음동의라네
있고도 싶은 없고도 싶은
있어서 안타깝고 없어서 안타까운
있어서 다행이고 없어서 다행인
빈 방에 관한 세미나를 하네
지금부터 딱 세 시간 비워줄 수 있다면
세 시간은 무슨 일이든 일어날 수 있는 시간
한 시간을 삼천육백조각 낸다면
조각난 시간들을 조립하면서
완강기에 목을 매단 사람들을 상상하거나
거울을 보다가 빈방에 있는 빈방이 낯선 시간
비로소 낯선 빈방을 발견할지도 몰라
빈 방에 있는 세 시간은
빈 방이 그 방의 키를 쥔 시간
빈 방에 관한 세미나를 빈 방에서 하네

거울을 보다가 빈방이 빈방을 낳는 것은
어떻게 보면 퍽 고무적인 일이라네
빈 방과 빈 방이 꽉 찬 방의 유기적인 관계에 대해 생각하다보면
수학은 모호하다는 생각이 드네
빈 방 있습니다와 빈 방 없습니다는
서로가 서로에게 미끄러지는 말이네

계간 『시와 세계』 2015년 봄호

조말선
1965년 김해에서 출생. 1998년 《부산일보》 신춘문예에 당선, 같은 해 《현대시학》 신인상을 통해 등단. 시집으로 『매우 가벼운 담론』(문학세계사, 2002) 등이 있음. 제7회 현대시 동인상 수상.

여성은 살해된 악기

조연호

저녁의 명인名人은 설치류로 불어났다, 시시각각 길을 잃는 물의 정원처럼

나의 지식은 살해된 악기 정도의 생명관밖에 가지고 있지 않다.

사람의 머리에서 떼어낸 빗이 출항하는 배를 취한 산모로 만들 동안

영혼과 매이지 않은 물건만이 형상과 맺어지기 위해 눈가에 맴돈다.

여성은 살해된 악기.

뮤즈는 지옥에 떨어진 투우사 일가로 구현되고
음악에는 영탄으로 배워서는 안 되는 것이 있고
성난 소만을 사랑한 소녀가 성스런 포옹에 눈뜬다.

여성은 살해된 악기.

울음이 우주 전체를 채울 물질인 걸 알려주어서 방풍림한텐 고마워.
메두사의 머리는 그러나 생물도 암석학도 극복하지 못했다.

덜 닫힌 구석방의 11월 철새처럼
공중그네는 흔들릴 동안은 흠집이 없고

뒷걸음질 칠수록 언제나 개선문 가까이
조숙 소녀의 하늘이 차분히 찢어진다.

계간 『리토피아』 2015년 여름호

조연호
1994년 《한국일보》 신춘문예 등단. 시집으로 『암흑향』 등과 산문집 『행복한 난청』이 있음. 제10회 현대시작품상 수상. 제16회 현대시학작품상 수상. 제5회 『시와표현』 작품상 수상.

조정권조정인진 란
진은영천수호최문자
최백규최정란최형심
최호일조정권조정인
진 란진은영천수호
최문자최백규최정란
최형심최호일조정권
조정인진 란진은영
천수호최문자최백규
최정란최형심최호일

조정권조정인진 란
진은영천수호최문자
최백규최정란
최형심최호일
조정권조정인
진 란진은영

081
⋮
090

천수호최문자
최백규최정란
최형심최호일조정권
조정인진 란진은영

모습 없이 환한 모습

조정권

비 오는 밤
본 적 있니?

가로등 아래서 노숙하는 비

그 맡바닥에 밤은
더 큰 허공.

허공의 밑.
시인은 허공을 건축하는 자.

나의 언어는 허공에서는 아직도 망치와 톱일 뿐,
내 친구 흰 구름이 아직 모이지 않아요.

허공 속을 아직도 떠돕니다.

보헤미아
들판 여름하늘 흰 구름 모이면 성당 구조물

흰 구름은 성당.

밤이 되면
내 손은 허공

무늬 없는 벽돌처럼 쌓아올린 거대한 허공은
세상의 지친 걸인들을 문 앞에서 한없이 걸어오게 하지요.
벽 속에 숨겨진 통곡하는 방에 숨어
한없는 울음을 울 수 있는,
아무리 울어도 밖으로 들리지 않는 저 밤의 하늘 들판이
내겐 처녀시가 출혈했던 곳일 거 같다는 생각.

촛불을 켜지 않았어요. 촛불을 들고 있는 언어란
엄마들의 노인네들의 오랜 습관 언어이기에.

시는 상징이 아니라
상징의 무덤일 뿐.

비 오는 날이면
우뚝 우뚝 서서 비맞는
비를 보아라.

비는 혼자 비를 맞는다.

시는 성당 문 앞에서 가설 텐트를 친 빈자들의 무늬라고 생각했어요

내게 시란 무신론 옆에 친 텐트 같은 것.

계간 『대산문화』 2015년 가을호

조정권
1949년 서울에서 출생. 1970년 《현대시학》으로 등단. 시집으로 『비를 바라보는 일곱 가지 마음의 형태』 등이 있음. 김수영문학상 등을 수상.

비망의 다른 형식

조정인

모니카,

내 안의 푸른 광물과 아득한 기체로 사는 사람 치통의 반란 같은 통증으로 당신이 온다

고백은 홀로 타오르는 말

작정 없는 열망으로 질주하던 밤, 잠들어서도 되뇌 부르던 이름이 큰물처럼 불어나 잠의 둑을 무너뜨리고 범람했었다

사랑이 종을 흔들며 방문 앞을 지나 뒷등을 보이며 복도를 돌아갈 때 나는 빈 복도로 나가 방금 나를 관통하고 지나간 운명의 맨발, 갈라터진 뒤꿈치를 보았다

어느 봄날, 당신은 흰 수도복 속에서 영역이 다른 사람으로 웃고 있었지 당신은 아침식사 때 접시 밑 메모지에 적힌 임지任地대로 간략하게 짐을 챙겨야 하는 사람

당신의 임지는 어디일까, 밤의 검은 창문들아 말해다오 나는 위급했으나 당신은 창유리 속에서만 목을 젖히고 눈부시게 웃는 사람

투명해서 아픈 날엔 유리창에 당신의 맑은 콧날을 그렸다 작은 한숨을

당신 둘레에서 흰 빛을 조금 가져다가 화분에 묻고 꽃을 기다리던 나는, 빙하의 사계를 건너는 사람 화분에는 쇠락이 우거져 모노드라마 일인배우처럼 서있는 나무 한 그루 마른 잎사귀 몇 흘려두고 빈손을 내려다보는 불임의 나무

계절이 폭설을 몰고 지나가는 어느 해거름 나의 오렌지나무 흰 불꽃에 에워싸이네, 시간의 은빛이 왁자하게 불붙어 날개를 퍼덕이네, 사라진 가슴 사라진 자궁에 어떤 통점 하나가 깊숙이 착상된 것일까

보이지 않는 것들의 향기가 끼쳐오는 날 시간의 연약지반을 뚫고 희끗한 반백의 당신이 온다, 나의 모니카

월간 『현대시학』 2016년 7월호

조정인
서울에서 출생. 1998년 《창작과 비평》을 통해 등단. 시집으로 『그리움이라는 짐승이 사는 움막』(천년의시작, 2004) 등이 있음. 제2회 토지문학제 시부문 대상 수상.

안녕, 주르륵 랩소디

진 란

안녕, 꽃들아 우리 연애할까

봄이 오나봐, 연애하고 싶으니 봄이 온 거지
문 밖으로 긴 꼬리를 끌며 사라진 너의 길 위에 서서
연분홍 아지랑이처럼 흔들리는 너의 우울을,
등 뒤로 흘러내리는 안개꽃 같은 네 손짓들을 보았지
안녕, 우리 연애나 할까
우리의 하루는 지상에 단 한 번의 기회
지금 우리의 봄인 거지, 그들이 온다잖아
온 세상이 다 웃고 흐드러져도 네가 나를 울지 않으면
우리는 흔적 없이 없는 것들이 되는 거야
버려진 가면 사이로 빛나던 허황한 눈빛을 끌어안고
불면의 하데스를 위하여 노래를 부르고
젊었던 오르페우스의 사랑처럼 영원한 리라가 되자
해마다 오는 봄이라는데 우리의 봄은 멀리 흘러갔지
동무들과 목젖이 보이도록 웃으며 네가 떠날 때
허공에서 큰 소리로 네 이름을 불렀을 때
샤갈의 하늘에 떠서 인형처럼 딱딱한 다리로 헤엄을 치면서
더 큰 소리로 네 이름을 불렀을 때
붉은 장미꽃들이 우박처럼 떨어지고
푸른 잎들이 우레처럼 피어났다고 했던가?
우리는 각각의 우주가 다른 투명한 비눗방울과 방울
서로를 넘어서지 못하고 부딪혀 깨어지고 잊어버렸지
그리고는 동무들과 큰 소리로 웃으며 너는 달려가 버렸지

웅크려 밤을 지새우고
숨죽여 눈물을 위해 노래를 흥얼거리고
내가 더 어두워졌을 때에도 네 웃음소리는 들려왔어
내게서 가장 소중한 것을 내가 좋아서 네게 주었을 뿐인데
그게 최선은 아니었던 거라고
이봐 안녕, 우리 연애라도 다시 할까?
이번엔 네가 좋아하는 것을 줄게, 꽃아

웹진 「시인광장」 2016년 3월호

진 란
2002년 계간 《주변인과 詩》로 작품활동 시작. 시집으로 「혼자 노는 숲」(나무아래서, 2011)이 있음.

파울 클레의 관찰일기

진은영

　사랑이나 이별의 깨끗한 얼굴을 내밀기 좋아한다
　그러나 사랑의 신은 공중화장실 비누같이 닳은 얼굴을 하고서
내게 온다
　두 손을 문지르며 사라질 때까지 경배하지만
　찜찜한 기분은 지워지지 않는다

　전쟁과 전쟁의 심벌즈는 내 유리 손가락, 붓에 담긴 온기와 확
신을 깨버렸다
　안녕 나의 죽은 친구들
　우리의 어린 시절은 흩어지지 않고
　작은 과일나무 언저리에 머물러 있다
　그 시절 키높이만큼 낮게 흐르는 구름 속으로 손을 넣으면
　물감으로 쓸 만한 열매 몇 개쯤은 딸 수 있다, 아직도

　여러 밝기의 붉은색과 고통들
　그럴 때면 나폴리 여행에서 가져온 물고기의 색채를
　기하학의 정원에 풀어놓기도 한다

　나는 동판화의 가는 틈새로 바라보았다
　슬픔이 소녀들의 가슴을 파내는 것을
　그녀들이 절망을 한쪽 가슴으로 삼아 노래를 멀리 쏘아 올리는
것을

　나는 짧게 깎인 날개로 날아오르려고 했다

조금씩 부서지는 누런 하늘의 모서리
나쁜 소식이 재처럼 쌓인 화관을 쓰고

나는 본 것으로부터 멀어지려 했다
영원히 날아가려 했다
폼페이의 잔해더미에 그려진
수탉들처럼

어찌할 수 없는 폭풍이 이 모든 폐허를 들어 올릴 것이다

"인간은 어떻게 그 절망 속에 도달하게 되었는지를 알 때
절망 속에서도 살아갈 수 있다"고
나를 좋아하던 어느 문예비평가가 말했다지만, 글쎄……
그는 국경 근처에서 변사체로 발견되었다

나는 해부학과 푸생, 밀레와 다비드를 공부했고
이성과 광기의 폴리포니를 분간할 줄 아는 두 귀에,
광학을 가르치고 폐병과 심장병의 합병증에도 정통했지만
슬픔으로 얼룩진 내 얼굴과의 경쟁에선 번번이 패배했다

그때마다 나는 세네치오를 불렀고
부화하기 전의 노른자처럼 충혈된 그가 왔다

계간 『창작과 비평』 2016년 가을호

진은영
1970년 대전에서 출생. 2000년 계간 《문학과 사회》 봄호에 〈커다란 창고가 있는 집〉 외 3편을 발표하며 등단. 시집으로 『일곱 개의 단어로 된 사전』(문학과지성사, 2003) 등이 있음. 2013년 제15회 천상병 시문학상 등을 수상.

이제 지겹다고 안 할게

천수호

1.

당신이 사랑이라는 말을 처음 시작할 때
발에 걸리는 줄넘기 줄 같은 저 산은
파도를 밑변으로 받치고 있었다

당신이 손을 뻗어 저 산의 뒤쪽을 얘기할 때 나는
무명 끈 잡아당기며 몸 속 파도에 퍼붓던 애초의 욕설과
나지막한 봉분의 속삭임을 뒤섞고 있었다
당신은 그렇게 왔고 또 그렇게 떠났다

왔다고 하고 떠났다고 했지만
그곳이란 원래 없는 것
파도가 풀어내는 바다

당신이 다시 온다면
했던 말 또 하고 했던 말 또 해도 이제 지겹다고 안 할게
그 말이 그 말 같지만 자세히 들어보면 다 다르다고 생각할게

갈매기가 한 쪽 발을 적실 때와
통통배가 빠르게 지나갈 때의 파도가 다르듯이

2.

떠난 지 5개월이 지난 지금도
누군가는 당신 조의금을 보내온다
당신이 저 바닷물에 소금이 녹는 데 5개월이 걸린다고 했던 말을 증명이라도 하듯이

어떻게 그렇게 천천히 걸을 수 있는 건지

바닷물이 소금이 되는 데 한나절이면 된다는 내 말에 코웃음치며
당신은 또 저 건너편 산 쪽으로 달려간다
다시는 안 돌아올 기세로 가쁘게 숨을 몰아쉰다

파도의 겹겹, 또는 첩첩
그 깊은 여울 속으로 당신이 뒤돌아보지 않고 걸어 들어가는 것을,
마지막 호흡과 맥박과 혈압을,
떨어지는 수치로만 지켜보면서
바다가 가팔라진다

터지는 파도, 먹는 파도, 뒹구는 파도, 놀라는 파도 사이로
굵고도 붉은 당신이 진다.

웹진 『시인광장』 2015년 8월호

 **천수호**
1964년 경북 영천에서 출생. 2003년 《조선일보》 신춘문예로 등단. 시집으로 『아주 붉은현기증』(민음사, 2009) 등이 있음.

오늘

최문자

시 하나 내게 온다는 것은
우주적이다
새하얀 은하가 눈 시리고 붉디 붉은 행성에게서 죽은 버섯냄새를 맡는다 미래와 어제가 딸려 오고 득실거리는 실패까지 파고드는 죽음까지 어루만져 진다

시를 쓰고 있었다
너무 오래 나를 의심하면서

나를 열어젖히면 한 곳이 은밀했다
바람 맛이 나는 이 곳 긴 터널인줄 알고 걸어 다녔다

어쩌다 시를 멈추면 시를 멈추지 못하는 자들 사이에 서있었다
우 모여든 터널 안 사람들

시 하나 우주를 건너 내게 온다는 것
숨 가쁘다

누가 숨 가쁘게 살라고 했을까
우주가 숨인데
죽을 듯 헉헉거리다 별 아래 눕는다

우리는 아무도 죽어보지 못한 사람
시인이 죽은 다음에 무엇이 살아서 터벅터벅 걸어 나올까

어느 시인처럼
오늘 죽도록 사랑하고 내일 죽지 못했다
슬픈 색을 칠하고 자꾸자꾸 살아있다

은밀하게 끌려간다

오늘에게

웹진 『시인광장』 2016년 7월호

최문자
1947년 서울에서 출생. 1982년 《현대문학》으로 등단. 저서로는 시집으로 『귀 안에 슬픈 말 있네』 등과 『시창작 이론과 실제』 등 다수가 있음. 2008년 제3회 혜산 박두진 문학상 등을 수상.

지구 6번째 신 대멸종

최백규

봄이 와도 죽음은 유행이었다

꽃이 추락하는 날마다 새들은 치솟는다는 소문이 떠돌고
창밖엔 하얀 유령들만 날렸다

네 평 남짓한 공간은 눈이 흩어진 개의 시차를 앓고
핏줄도 쓰다듬지 못한 채 눈을 감으면 손목은 펜 위로 부서지는 파도의 주파수가 된다 그럴 때마다 불타는 별들만 멍하니 바라보았다

누구나 살아있는 동안 심장 끝에서 은하가 자전한다는 사실을 안다 늙은 항성보다 천천히 무너져가는 지구라면 사각의 무덤 속에는 더러운 시가 있을까
흙에서 비가 차오르면 일 초마다 꽃이 지는 순간 육십 초는 다음 해 꽃나무

퍼지는 담배 향을 골목에 앉아있는 무거운 돌이라 생각해보자
얼어붙은 명왕성을 암흑에 번지는 먼 블랙홀이라 해보자
천국은 두 번 다시 공전하지 못할 숨이라 하자

이것을 혁명이자 당신들의 멸망이라 적어놓겠다 몇백억 년을 돌아서 우주가 녹아내릴 때 최초의 중력으로 짖을 수 있도록, 모두의 종교와 역사를 대표하도록

두 발이 서야 할 대지가 떠오르면 세계 너머의 하늘이 가라앉고 나는 그 영원에서 기다릴 것이다

돌아가고 싶은 세상이 있었다

월간 『문학사상』 2016년 3월호

최백규
1992년 출생. 2014년 월간 《문학사상》으로 등단.

바나나 속이기

최정란

노끈이나 나무에 매달아 놓으면
오래 간단다
그 말 믿지는 않지만

바나나 한 송아리를 묶어두기 위해서
나무를 찾다가
바나나 한 송아리를 박아두기 위해서
못을 찾다가
바나나 한 송아리를 매달아두기 위해서
망치를 찾다가

망치를 든 채 전화를 받는다
망치를 든 채 안부를 묻고 망치를 든 채 수다를 떨다가
왜 손에 망치를 들고 있을까, 잊는다
왜 못 하나가 거기 있을까, 잊는다

수다에 열중하느라
무심코 가장 날카로운 말로 애인의 가슴깊이
대못을 박는다
손에 망치와 못이 있으므로

날카로운 말은 빨리 허기를 부르고
배가 고픈 나는 바나나를 먹는다
내 몸 위로 미끄러져 오는 바나나
내가 밟고 넘어지는 바나나
이윽고, 바나나 껍질처럼 휘어진

미끄러운 밤이 온다

검버섯이 생기기 시작한 바나나
썩어가기 시작해서 향기로운 바나나
검버섯이 피기 시작하는 바나나
바나나 바나나 오 바나나

날카로운 말은
꼭 애인의 가슴에 박아 넣는다
철철 피 흘리는 것을 보고야 만다

짐짓 속아주는 척 하는 사람아
사랑한다 사랑한다 고백하고 맹세하고
그리고 또 상처를 준다

몰래 기어들어가고 싶은 그림 속
무성한 파초잎 향기로운
이국의 마을에서
비로소 후회의 눈물을 흘리지만
또 다시 망치 자루를 드는 나날이여

바나나는 속지 않는다
다만 검은 향기를 풀어놓을 뿐

속을 풀어헤치고 파초잎 지붕 아래 누운
내가 나를 속이기는
바나나를 속이기보다 어렵다

계간 『시산맥』 2015년 여름호

 **최정란**
1961년 경북 상주에서 출생. 2003년《국제신문》신춘문예로 등단. 시집으로 『여우장갑』(문학의전당, 2007)등이 있음. 2008년 부산작가회의 창작기금 수혜. 2016년 시산맥작품상 수상.

견자見者의 편지*

최형심

오늘 양귀비꽃의 도시를 보았습니다. 발자국 다섯 개와 칸나의 지도 한 장 들고 사막을 지날 때였습니다. 구두를 벗어놓은 쪽으로 도착한 환절기가 고행의 후계자가 되어 지도 위에서 거짓말을 습득했습니다.

이 별에는 일곱 번 이별하는 여자가 미결서류들을 팔고 있습니다. 개찰구 너머 오래된 풍습 속으로 고양이는 늙어갑니다.

지난밤에는 불의 도둑과 잡담을 했습니다. 나와 혼잣말과 불, 그리고 건너편뿐이었습니다. 잡담은 불이 꺼질 때까지 이어졌고 다음날 아침 불의 도적은 시커먼 속내를 쏟아놓고 갔습니다. 고정관념을 팔러 다니는 야비한 장사치나 부를 걸 그랬습니다.

목 깊숙한 곳에서 사과가 열리는 소년을 알았을 때 사막의 샘엔 첫눈을 뜬 소금쟁이들과 착한 모래가 있었습니다. 낙타의 방울소리를 세는 사막의 직업을 수소문하고 있습니다. 견딜 수 없는 모자를 써야겠습니다.

여우에게 밤의 눈매를 빌려 헤어지는 시늉을 했습니다. 타인의 방향으로 저녁이 오고 양귀비꽃그늘에서 주머니처럼 깊어지는 백지를 팔았습니다.

대상의 행렬이 세련된 무릎을 다듬고 있습니다. 민무늬의 뿔을 가진 숟가락은 아름답습니다. 온순해지는 나의 넝마를 빱니다.

여름과 일요일이 교차하는 지점에서 눈이 멀 것 같습니다.

빈 병은 더욱 선명해지고 알약은 순수해졌습니다. 행려병자는 야자수를 닮은 눈썹을 머리맡에 두고 기다립니다. 나비들이 도둑 떼처럼 몰려와 우물이 동쪽으로 깊어지기를. 나의 모세혈관은 모두 눈물샘 아래 고여 있습니다. 유랑극단이 낙타의 무덤을 팔고 다닙니다.

*랭보(Rimbaud)

월간 『현대시학』 2015년 12월호

최형심
2008년 《현대시》를 통해 등단. 2009년 아동문예문학상 동화부문 수상과 2012년 한국소설신인상 수상, 2014년 제4회 시인광장 시작품상 수상.

낙천주의자

최호일

  그는 그림자를 샀다 비싼 것으로, 색깔이 환한 것으로

  밥을 먹거나 심지어 운동을 할 때도 데리고 다녔다 그는 특이한 거미를 수백 마리 키우거나 자살을 시도하는 게 취미였다
  그러나 잘 죽어지지 않았다

  팔을 자르고 몸의 안쪽을 뜯어 내 조각을 하기도 했는데 그럴 때마다 다른 사람의 비명소리로 제목을 달았다 그런 복잡하고 불편한 자세를 사람들이 싫어하는 것도 모르고

  자신이 누구인지 어디서 왔는지
  엎드려 책을 볼 때는 혹시 잠든 뱀이 아니었을까
  뱀의 배가 차갑게 식을 때까지

  얼굴이 없었으므로 화장을 진하게 하고 다녔다 모든 게 다 너 때문이야 그를 원망하며 멀리 달아나려 했다 하지만 살인을 저지르고 도박에 빠지고 취미가 바뀌어 머리가 두 개거나 귀가 어두운 원숭이를 수집하고 시집을 읽으며 지식인이 되기 시작했다

  점점 그가 되어 갔다
  원숭이가 싫어하는 것도 모르고

  보리밥에 상추를 싸 먹으며
  어느 날 커다란 망치로 그를 때려죽이고 나서야 비로소

천천히 낙천주의자가 되었다
죽는 것을 잊어버리고

웹진 『시인광장』 2016년 7월호

최호일
충남 서천에서 출생. 2009년 《현대시학》 신인상을 통해 등단. 시집으로 『바나나의 웃음』(문예중앙, 2014)이 있음.

하재봉한석호한정원
함기석함성호허 민
홍일표황 주황주은
황학주하재봉한서호
한정원함기석함성호
허 민홍일표황은주
황학은황학주하재봉
한석호한정원함기석
함성호허 민홍일표
황은주황주은황학주

하재봉한석호한정원
감기석함성호허 민
홍일표황은주
황주은황학주
하재봉한석호
하정원함기석
감성호허 민
홍일표황은주
황주은황학주하재봉
한석호한정원함기석

091
⋮
100

내 등에 꽂힌 칼

하재봉

바람이 너를 데려가리라

내 등에 꽂힌 칼에서는
아직도 피가 흐르고 있다.

너의 심장과 너의 콩팥과
너의 두 눈은 먼지 속으로 사라지지 않고
다른 사람의 기억 속에 살아
나를 시퍼렇게 바라보리라

너의 머리에는 지금
검은 두건이 씌워지지만
너의 시체를 묻을 구덩이는 이미 네 곁에 깊게 파혀 있지만
너는 나의 죽음을
영원히 끝나지 않게 가두고 있다.

너를 향한 나의 욕망
너를 유인했던 그 어두운 폐가의 차가운 돌벽
너의 옷을 벗기려는 순간
내 등에 꽂힌 칼

너의 아버지는 네 얼굴에 침을 뱉고
너의 오빠는 너의 머리를 향해 손바닥보다 더 큰 돌을 던진다.
마을 남자들이 함께 던지는 돌이 우박처럼 쏟아져도

너는 입술을 깨물며 비명을 참고 있다.
두건이 찢어지고
붉은 피가 검은 옷을 물들여도
너는 쓰러지지 않는다.

네가 내 등에 꽂은 칼은 빠지지 않고
나를 영원히 고통 속에서 죽어가게 만든다.
나는 언제나 죽음에 갇혀 있고
너는 지금부터
공기처럼 자유로워질 것이다

계간 「시와 표현」 2014년 겨울호

하재봉

1957년 전라북도 정읍에서 출생. 1980년 《동아일보》 신춘문예에 시가 당선되어 등단. 1991년 중편소설로 「문예중앙」 신인상 수상. 저서로는 시집으로 「안개와 불」 등과 장편소설 「쿨 째즈」 등이 있음.

묵티나트*

한석호

말을 하러 와서 말은 하지 못하고 마음만
얼음의 변방에 내려놓습니다.
바람과 태양만이 황막한 호흡을 더듬어가는
이곳에서 나는 만트라를 외며
물끄러미 세상 밖으로 비켜서 있어야합니다.
시간조차 읽히지 않는 이곳에서
언어들은 모래바람처럼 산산이 흩어져 증발하고
고산병환자처럼 숨을 학학거리는
이 아득한 사유는 누군가의 죽음을 읽는 거울입니다.
바람이 나의 말들을 지웁니다.
生의 모든 인연을 경작하는 이들이 거주했던 듯
저기 소금 기둥이 보입니다,
그 아래, 뼈로 쓴 영혼의 말들이 굴러다닙니다.
일찍이 말을 씻고 은둔한 자들과
그 옆에서 마니차를 돌리던 아이의 추위를 돌보기 위해
별들은 늘 어둠 가운데서 눈뜹니다.
꿈의 사원은 설산너머에 있고
내 사랑은 한 줌 먼지와 내통한 바람의 눈물 가운데서
책을 접습니다.
물고기 떼가 쓸쓸한 바람의 손을 거두어
제 품으로 들이는 시각,
허기와 동거하는 염소떼가
흙먼지의 손을 둥글게 베어 먹습니다.
흙의 단단한 뿌리,
설탕조각을 입에 문 앵무새의 혀,
마지막 밤을 보낸 나이팅게일의 침묵,

벼랑 끝에 둥지를 튼 붕새,
거룩한 자의 밤은 진리를 꿈꾸는 후투티처럼
눈 밝은 이들이 초를 켜는가 봅니다.
마음을 세우고도 그 발아래 엎드려 우는 것은
흰 눈발의 오늘입니다.
말라버린 계곡의 수로를 따라 운구 되는
모래알갱이들의 장례식,
한 생이 저물무렵이면
저처럼 계곡엔 사랑을 잃은 말들로 술렁일 것입니다.
온 몸 던져 우는 룽다**처럼
계곡에서 산정으로, 산정에서 계곡으로
우우우 소리의 열차를 타고 달리는 사랑을
나는 꿈꿉니다.
동쪽에서 뜬 바람은 북쪽으로 저물고
북쪽에서 저문 바람은 동쪽에서 뜹니다.
물이 타는 곳, 불이 이는 곳,
땅에서 불이 일고 돌에서 불이 일어나는 이곳은
신들의 땅 묵티나트.
바람과 교감하는 자들의 꿈이 영그는
이곳은 지상에서 마지막 사랑을 읽어야하는 대합실입니다.

* 해발 3,800m, 네팔인들이 살아생전에 가장 가고 싶어하는 불교 성지 묵티나트 사원이 있는 곳.
** 티베트인들이 소망을 적어 걸어놓는 오색 비단 천.

계간 『포엠포엠』 2014년 겨울호

한석호
1958년 경남 산청에서 출생. 2007년 《문학사상》을 통해 등단. 시집으로 『이슬의 지문』(천년의시작, 2013)이 있음.

인문학 강독

한정원

인문학이 뭐라고 생각해요

그건 비오는 창가에 앉아서 빗소리를 듣는 거예요
양철 지붕 위에 떨어지는 빗소리
벽돌로 담을 쌓은 채송화 화단에 스며드는 고요
먼지 낀 신작로에 비릿한 흙냄새를 풍기며
나무를 일으켜 세우는 바람 소리를 듣는 것

아버지도 저 세상에서 인문학을 하고 계신가보다
봉분 위에 떨어지는 눈물 소리 들으며
아직 찾지 못한 각주를 달기 위해
가을비 맞으며 적막의 소리를 듣고 계시다

네 번의 봄을 지나치며 손을 내밀어도
화답하지 않던 둑길의 느티나무가
어느 일요일 아침 너를 허락했다고
상처를 담아가려고 철물점의 그늘을 기웃거릴 때
주인은 너에게 햇빛까지 부어주었다고

붉은 대륙에서 천 개의 눈을 가지고
천 개의 달빛을 건너가던
레게스타일의 네 머리카락은 자꾸 하늘로 올라갔다
네 몸도 스카프가 달린 검정 재킷도
푸른 양탄자를 따라 곡선으로 휘날렸다

네가 듣던 빗소리가 너의 방울귀걸이 끝에 매달려있다
은빛 고리가 반짝일 때마다 빗방울로 치환된다

인문학은 어떻게 하는 거라고 생각해요

그건 모두 문을 닫고 있는 새벽에
시에라리온으로 가는 거예요
에볼라를 앓는 검은 눈동자와 마주치기 위해
패스포트를 만지며 너는 사막의 소리를 들려주었다
상처는 타투처럼 지워지지 않고
살 속 깊숙이 파고든 기억은 나뭇잎 무늬 세포가 되었다

인문학이 죽었다고 생각해요?

그게 죽은 줄 알고 윗목에 밀어놓으면
꼭 다시 살아나 아랫목으로 옮겨놓게 되요
인문학은 빗소리를 듣는 거라고 대답하던
너의 열한 개의 윗니가
비 온 뒤 하늘처럼 햇빛과 습기를 머금고 있다

계간 『시와 표현』 2015년 2월호

한정원
1955년 서울에서 출생.1988년 《현대시학》으로 등단. 시집으로 『그의 눈빛이 궁금하다』(시와시학사, 2003) 등이 있음.

귀뚜라미 다비식

함기석

입이 탄다
눈이 타고 귀가 타고 심장이 탄다
화장은 몸이라는 미궁의 천체, 그 아름다운 지도를 태워
하늘로 재를 돌려보내는 기산奇算이다

불 속에서 귀뚜라미 울음이 한 채 한 채 타고 있다
그것은 우주 저편 먼 얼음의 별에서 울려오는
히페리온의 아픈 잠
다비의 담 뒤꼍에서 어린 귀뚜라미들 울고
말과 침묵 사이에서

나는 본다
죽은 귀뚜라미 얼굴에서
끝끝내 타지 않고 나를 보는 두 개의 검은 눈동자
거기에 거꾸로 착상되어 떠오르는
삼천대천세계를

전생과 내생 사이로 불길하게 흐르는 불
하늘과 대지 사이로 빗물에 섞여 흘러가는
죽은 자들의 피와 뼛가루
검은 납덩어리 같은 죽인 자들의 웃음소리
이 모든 것의 함수(f)와 역함수((f$-^1$)의 가혹한 존재조건들

귀뚜라미 몸이 타고 있다

오늘도 역사책은 흙먼지 휘말리는 트로이 성벽에
찌그러진 투구와 함께 헥트로의 머리처럼 나뒹구는데
한 장의 마른 낙엽 위에서
죽은 귀뚜라미 덮은 11월의 하늘과 땅이 한 몸이 되어
창백한 백지처럼 불타고 있다

연기는 죽은 자들이 땅에 누워 하늘로 흘리는
기체의 눈물이자 원한의 흰 피
시간은 지상의 인간을 상수 C로 소거시키는 기이한 대수방정식
귀뚜라미 타는 몸에서 불붙은 새들이 날아오르고
검은 주판알들이 계속 튕겨나간다

입이 탄다
우리의 손발이 얼굴이 타고 몸통이 타고
재의 치마 속에서 금빛 실들이 나와 햇빛과 몸을 엮는다
누가 돌리는 걸까
저 아름답고 아픈 가을볕 속의 황금물레

월간 『시와 표현』 2015년 12월호

함기석
1966년 충북 청주에서 출생. 1992년 《작가세계》를 통해 등단. 저서로는 시집
으로 『국어선생은 달팽이』(세계사, 1998) 등과 동화 『상상력 학교』(대교출판,
2007) 등이 있음. 2009년 제10회 박인환문학상 등을 수상.

그럴 수 있었다면 우리는, 어떻게 되었을까?

함성호

나는 아름답지 않습니다

내 입김에 사라지는
거울 속에서 웃는 저 얼굴
가장 가까운 사람들에게
이해 받지 못하고
온 마음을 다해 사랑하는 너를
온전히 이해하지도 못하면서

가장 화려한 날이
시들어가는 첫 날의 꽃들,
꽃들이여ㅡ, 내가 노래할까?
사랑이 죽음의 경험인
사랑 때문에 버티는 증오가
바보야, 이 바보야

모든 피조물의 언어 가운데 가장 불완전한 말로
사랑한다는 말이야
너 때문에 우는거란 말이야
내가 알아보기 오래전부터
이미 내 안에 있던 너 때문에
나 아닌 모든 것이
처음부터 내 안에 새긴 상상들

운명은 결핍이다
(그렇지 않았다면)
―그럴 수 있었다면
우리는, 어떻게 되었을까?

솟았다 무너지고, 사라졌다 나타나는
누구의 바다도 아닌 바다에서
나는 모든 대상의 거울이고
모든 세계의 밤이다
―인간에게는 거부할 수 없는 더러운 냄새가 난다
(자꾸 맡아 본다)

일본 여자처럼 이를 검게 화장하고 시를 읽었다

나는 어떤 짐승입니까?

월간 『시와 표현』 2015년 6월호

함성호
1990년 《문학과 사회》 여름호에 시를 발표하며 시작활동 시작. 저서로는 시집으로 『56억 7천만년의 고독』 등과 티베트 기행산문집 『허무의 기록』, 만화비평집 『만화당 인생』, 건축평론집 『건축의 스트레스』 등이 있음.

새

허 민

이 겨울이 아니고서는 시작할 수가 없다

살얼음 낀 강물에 단단한 돌멩이를 던지듯
새가, 꽝꽝 언 바람 부는 밤하늘 한가운데를 저의 온몸으로 와장창
깨뜨려 그 투명하고 시린 허공으로 발돋움하는 것은

이 겨울이어야만 가능하다, 새가 또 다른 새로 비행하는 달콤한 균열을 맛볼 수 있는 것은

그 새를 바라보다가
밤하늘의 별을 따라 새로운 미지로 날아가는 허공의 음계들을 손가락으로 따라 읽다가

완성된 어제의 연주곡을 손가락은 문득 떠나가고 싶어서

집으로 돌아와 무작정 새로운 기타들의 음악을 연주하며
나는 갑자기 삶의 초보인 새내기 서른이 된 것처럼

새, 라고 발음하면 공중 위로 하얀 입김이 피어오르는 추운 방
더듬거리는 날갯짓을 따라 기타 위에선 천천히
다섯 손가락의 철새들이
지나간 한때의 음악들이
새로운 삶을 연주하는 법을 찾아 브이 자의 대형으로 밤하늘을

횡단하는 것인데

나는 이제 익숙한
오리온 삼태성의 어린 추억들을 잃고 싶다
고드름처럼 얼어붙은 손가락이 나를 버리는 법은 겨울철 새로운 계단을 찾아 더듬더듬 흰 나일론 줄을 튕기는 것뿐
이곳을 과감하게 던져버리는
수많은 저곳의 깃털뿐

흩어지는 머리카락들뿐

그런 마음으로
너를 안았다
너를 안지 않았다면 고통도 없을 텐데
철새, 기타 연주곡, 너
사랑하지 않았으면 그 여행지에 가보지 않았다, 그 풍경 속에 나는 들어있지 않았다
아무것도 모르고 행복하지도 않았을 때

네가 와서 난 아프다
아파서
지금은 조금 알 것도 같다
아직 걸어보지 않은 저 높은 언덕의 사다리를 차근차근 연주하는 법을
시릴수록 찬란한
별자리들의 굳은살을

밤하늘 어두운 반주를 따라 흘러가는
새들의 차분한 고통과
그들이 하나하나 깨닫는 아름다움을,

투명한 겨울들의 음악을

웹진 『시인광장』 2015년 1월호

허민
1983년 강원도 양구에서 출생. 서강대학교 국어국문학과 졸업. 2014년 웹진 《시인광장》을 통해 등단.

알코올

홍일표

남몰래 흐느낀다 너는
입도 입술도 없이

보이지 않아서 더 아픈 때가 있다
아무 말 못하고 혼자 숨어 우는
사람이 있다
자작나무의 얼굴로
물안개의 젖은 숨결로

밤이 깊어 너의 입술에 도달한 차갑고 뜨거운 속엣말들이 치자꽃처럼 핀다
 흰 달빛의 표정으로
 어디에도 없는 너는
 얼굴을 지우고 머리칼을 지우고
 말의 가장 먼 바깥에서 은밀히 휘발하는 비애처럼

소리를 죽이고
마음의 색깔도 지우고
이제는 다 놓아버린 물의 감정들
오직 투명함으로 너는 조용히 일어서서 걸어간다
이슬의 어깨가 파르르 떨고
공기의 입술에 얹어놓은 이름이 휘파람처럼 사라지는

아무도 모르는 곳

물 밖의 어디 먼 곳에 물의 신전이라도 있는 듯
맑고 가벼운 날개, 파아란 눈빛 하나로 찾아가는
아스라이 먼
모든 슬픔의 정결한 성지
가슴 한쪽 없는 이들이 그림자를 끌고 혼령처럼 찾아가는

웹진 『시인광장』 2016년 8월호

홍일표
1992년 《경향신문》 신춘문예로 등단. 저서로는 시집으로 『살바도르 달리풍의 낮달』 등과 평설집 『홀림의 풍경들』이 있음. 2016년 제6회 『시인광장』 시작품상 등을 수상.

여름에 대해 말한다

황은주

예뻐지지 않는 아이
너는 계단을 오르듯 노동을 노동 이후에 어른을 어른 이후에 위대한 설산을 믿지만
철거되고
장마가 시작됐다

장화를 신은 너

여름에 대해 말한다 표백이라는 노동

거대한 유리상자 속에 운동화가 쌓인다
너는 운동화를 빨고 운동화를 모으고 신을 수 없던 새 운동화처럼 결백하지만

더러운 흰 빛

열대야가 시작됐다 네 앞의 계단이 녹은 이후 네 앞의 산양이 녹는다

벽돌에 대해 말하는 너
벽돌을 던지면 벽돌이 결백해지는 골목에서 더러운 아이가 울었다

슬픔은

철거되고

반년간 『이상』 2016년 상반기호

황은주
강원도 홍천에서 출생. 2012년 《중앙일보》 중앙신인문학상 시부문에 당선되어 등단.

클라우디

황주은

빈털터리 애인에게 맨살을 보여준 것을 후회한다

상처에 덧칠을 하는 것은
어두워지는 일

쓰레기야 라고 부를 때
정성을 다해 대답한 것을 후회한다

취한 얼굴을 받아 준 변기 앞
무릎에 머리를 박고
가난해서 버렸던 부자 애인을 생각한다
눈동자가 유통기한을 넘긴다

주유소로 변해버린 우리들의 장소에
풍선 인간이 허우적거리고 있다
회색 머리 노파가 앉아 있다

눈빛을 지우고 혼잣말을 한다 이것은
더욱 어두워지는 일
애인은 떠날 때마다 구름을 남긴다

우두커니 구름에 걸터앉아 운다
찢어진 습자지 조각들 공중에 날린다

빗방울이 검은 송곳으로 박히기 시작한다

격월간 『시사사』 2016년 1~2월호

황주은
2013년 《시사사》로 등단.

오늘 아침의 가없는 너

황학주

아직은 빈자리에서 일어날 때에만
눈을 뜬다

왜 나를 어두운 강가로 살려 보내나
불장난도 아니고

라고 생각하던 때가 있었다
며칠째 숟가락을 놓고 참나무 숲 사이로 지나는

닳은 밤은 빗방울이 묻은 징검돌 위에 서있었다
우산을 들고 만나면 바람이 센 미사리
올이 고운 건 눈물이지만 그 속으로 미사리는 갈대가 쓰러졌다
네가 놓은 손은 퍼런 강물의 어깨를 소개받는 날이 되었다 더 럽힌 적 없는 손처럼

시간은 빗장을 지르는 물소리 건너편으로 두 동강을 저어 가고 있을까
안녕이란 알고 보면 누구의 것도 아니게 작다는데
눈에 그토록 숨겨진 너
슬픔을 빼앗기지 않는 내 마음
어두워지기만 하는 성격엔 없는
아마도 너는 여러 곳에 사는 빈자리에 가 있을 것 같다

아직도 내가 없을 때 뭐하는지가 나의 위안이 되는

여긴 너의 색색의 꽃말이 있는 곳

빛의 주근깨가 튀는 수면을
돌멩이처럼 날아가며
때마침 오늘의 구름은 그 눈자위에 피던 화염을 깬다

내일은 어떡하지?
내 몸을 대발로 말아서 버린 기억이 하고 있는 일처럼
오늘이 오래 아프게 가면

본래 밤과 결혼을 몇 번 하고 태어나는데
바람 부는 이별을 깜깜한 밤하늘로 맞아야 한다
덧대어진 눈 먼 울먹임 같은 색 사이를 돌아 나오는

아침마다 갑자기 나타나는 삶을 이해하자고 했다

웹진 『시인광장』 2016년 5월호

황학주
1954년 광주에서 출생. 1987년 시집 『사람』으로 등단. 시집으로 『내가 드디어 하나님보다』 등이 있음. 제3회 서정시학 작품상 등을 수상.

웹진 시인광장 편집위원 연혁(沿革)

- **웹진 시인광장 제1기 편집위원 (2006. 3 ~ 2008. 11)**

우원호(발행인 겸 편집인, 편집주간)
김　류(편집장)
김산(편집위원), 이용임(편집위원)

- **웹진 시인광장 제2기 편집위원 (2008. 12 ~ 2009. 3)**

김백겸(편집주간)
박진성(편집장)
김명원(편집위원), 윤은경(편집위원), 윤지영(편집위원)

- **웹진 시인광장 제3기 편집위원 (2009. 3 ~ 2010. 1)**

김백겸(편집주간)
박진성(편집장 2008. 12~2009. 3)
김예강(편집장 2009. 4~2009. 12)
　변의수(편집위원), 이성렬(편집위원), 김명원(편집위원), 최정란(편집위원), 김예강(편집위원), 서영처(편집위원), 윤지영(편집위원), 김성규(편집위원)

- **웹진 시인광장 제4기 편집위원 (2010. 1 ~ 2011.12)**

김백겸(편집주간)
이성렬(부주간)
김예강(편집장 2010. 1~2010. 4)
조유리(편집장 2010. 4~2011. 8)
김윤이(편집장 2011. 8~2011. 12)
　김신영(편집위원), 김명원(편집위원), 문숙(편집위원), 최정란(편집위원), 서영처(편집위원), 남기택(편집위원), 김미정(편집위원), 김지유(편집위원), 김예강(편집위원), 박성현(편집위원), 이송희(편집위원), 김옥성(편집위원), 정원숙(편집위원), 김후영(편집위원), 장무령(편집위원), 심은섭(편집위원)

■ 웹진 시인광장 제5기 편집위원 (2011. 12 ~ 2012. 5)

김백겸(편집주간)

이성렬(부주간)

김윤이(편집장 2011. 8~2012. 1)

성은주(편집장 2012. 1~2012. 4)

윤의섭(편집위원), 김명원(편집위원), 최정란(편집위원), 서영처(편집위원), 김미정(편집위원), 이성혁(편집위원), 김예강(편집위원), 이송희(편집위원), 신진숙(편집위원), 정원숙(편집위원), 김후영(편집위원), 장무령(편집위원), 심은섭(편집위원)

■ 웹진 시인광장 제6기 편집위원 (2012. 5 ~ 2013. 1)

김백겸(편집주간)

김영찬(부주간)

김지율(편집장 2012. 4~2013. 5)

구광렬(편집위원), 윤의섭(편집위원), 한명희(편집위원), 김명원(편집위원), 최정란(편집위원), 이성혁(편집위원), 김미정(편집위원), 정원숙(편집위원), 손현숙(편집위원), 장무령(편집위원), 강신애(편집위원), 사윤수(편집위원), 양균원(편집위원), 권정일(편집위원), 이송희(편집위원)

■ 웹진 시인광장 제7기 편집위원 (2013. 1 ~ 2014. 5)

김백겸(편집주간)

김영찬(부주간)

최형심(편집장 2013. 5~2014. 5)

윤의섭(편집위원), 한명희(편집위원), 김명원(편집위원), 황정산(편집위원), 강신애(편집위원), 김지율(편집위원), 이성혁(편집위원), 강희안(편집위원), 장무령(편집위원), 김미정(편집위원), 정원숙(편집위원), 손현숙(편집위원), 사윤수(편집위원), 양균원(편집위원), 권정일(편집위원), 이송희(편집위원), 전소영(편집위원), 정한용(편집위원), 이제야(편집위원), 천수호(편집위

원), 최라라(편집위원)

■ 웹진 시인광장 제8기 편집위원 (2014. 5 ~ 2015. 2)

김백겸(편집주간)
김영찬(부주간)
임 봄(편집장 2014. 5~)
윤의섭(편집위원), 김명원(편집위원), 정한용(편집위원), 황정산(편집위원), 장무령(편집위원), 김미정(편집위원), 정원숙(편집위원), 손현숙(편집위원), 사윤수(편집위원), 권정일(편집위원), 박해람(편집위원), 김지율(편집위원), 전소영(편집위원), 오홍진(편집위원)

■ 웹진 시인광장 제9기 편집위원 (2015. 2 ~ 2016. 1)

김백겸(편집주간)
김영찬(부주간)
임 봄(편집장 2014. 5~2015. 11)
정다인(편집장 2015.12~)
윤의섭(편집위원), 김명원(편집위원), 정한용(편집위원), 장무령(편집위원),오민석(편집위원), 김미정(편집위원), 정원숙(편집위원), 손현숙(편집위원), 사윤수(편집위원), 권정일(편집위원), 김유석(편집위원), 박해람(편집위원), 김지율(편집위원), 전소영(편집위원), 이수진(편집위원), 오홍진(편집위원), 박정희(편집위원), 이영혜(편집위원),

■ 웹진 시인광장 제10기 편집위원 (2016. 1 ~ 2016. 8)

김백겸(편집주간)
김영찬(부주간)
정다인(편집장 2015. 12~2016. 8)
윤의섭(편집위원), 김명원(편집위원), 김미정(편집위원), 정원숙(편집위원), 손현숙(편집위원), 권정일(편집위원), 김유석(편집위원), 박해람(편집위원), 김지율(편집위원), 최형심(편집위원), 박제영(편집위원), 전소영(편집위원), 이수진(편집위원), 오홍진(편집위원), 박정희(편집위원), 이영혜(편집위원)

■ 웹진 시인광장 제11기 편집위원 (2016. 8 ~)

윤의섭(편집주간)

박해람(부주간)

이　령(편집장 2016. 9)

정숙자(편집위원), 김광기(편집위원), 권정일(편집위원), 박현솔(편집위원), 손현숙(편집위원), 나금숙(편집위원), 김명서(편집위원), 문신(편집위원), 박수빈(편집위원), 이미산(편집위원), 정원숙(편집위원), 전소영(편집위원), 강순(편집위원), 김지윤(편집위원), 김지율(편집위원), 권기만(편집위원)